FRIEDRICH GENTZ

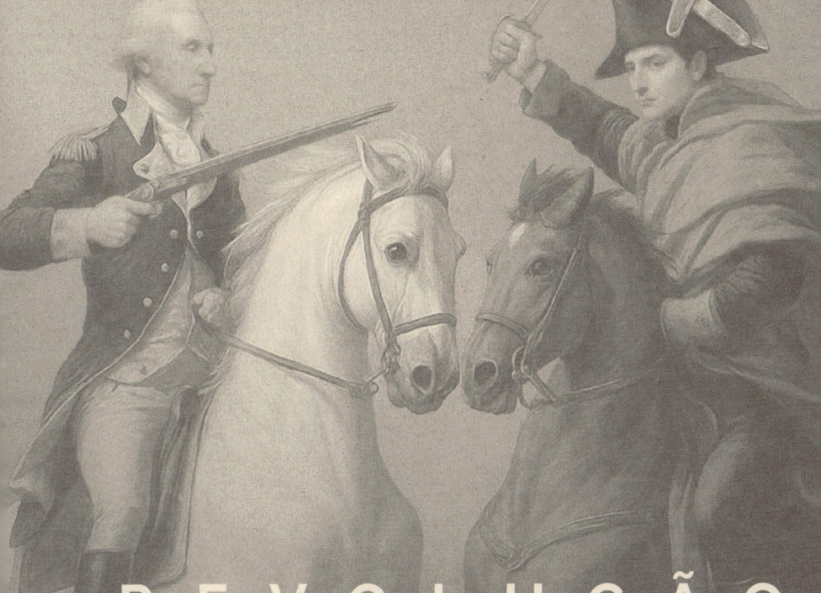

REVOLUÇÃO AMERICANA
versus
FRANCESA

LVM
EDITORA

FRIEDRICH GENTZ

REVOLUÇÃO AMERICANA VERSUS FRANCESA

Tradução
Roberta Sartori

São Paulo | 2025

LVM
EDITORA

Copyright © 2025 – LVM Editora

As opiniões e os comentários feitos nesta publicação são pessoais e não representam necessariamente a opinião das instituições às quais os autores estejam vinculados.

Os direitos desta edição pertencem à LVM Editora, sediada na Avenida das Nações Unidas, Nº 18.801, 4º Andar, Sala 407
Jardim Dom Bosco – São Paulo/SP – CEP: 04757-025
contato@lvmeditora.com.br

Editor-Chefe | Marcos Torrigo
Editores assistentes | Geizy Novais e Felipe Saraiça
Tradução | Roberta Sartori
Revisão ortográfica e gramatical | Sandra Scapin
Produção editorial | Marcos Torrigo
Capa e Projeto gráfico | Mariângela Ghizellini
Diagramação | Décio Lopes

Impresso no Brasil, 2025

Dados Internacionais de Catalogação na Publicação (CIP)
Angélica Ilacqua CRB-8/7057

G295r	Gentz, Friedrich
	Revolução Americana versus Francesa / Friedrich Gentz ; tradução de Roberta Sartori. - São Paulo : LVM Editora, 2025. 128 p. : il.
	ISBN 978-65-5052-275-9 Título original: *The Origin and Principles of the American Revolution, Compared with the Origin and Principles of the French Revolution*
	1. França – Política e governo – História 2. Estados Unidos – Política e governo – História 3. Revoluções - França - História - Séc. XVIII 4. Revoluções – Estados Unidos – História – Séc. XVIII I. Título II. Sartori, Roberta
25-1732	CDD 947.0841

Índices para catálogo sistemático:
1. França – Estados Unidos – Política e governo – História

Reservados todos os direitos desta obra.
Proibida a reprodução integral desta edição por qualquer meio ou forma, seja eletrônica ou mecânica, fotocópia, gravação ou qualquer outro meio sem a permissão expressa do editor. A reprodução parcial é permitida, desde que citada a fonte.
Esta editora se empenhou em contatar os responsáveis pelos direitos autorais de todas as imagens e de outros materiais utilizados neste livro. Se porventura for constatada a omissão involuntária na identificação de algum deles, dispomo-nos a efetuar, futuramente, as devidas correções.

SUMÁRIO

Prefácio
por John Quincy Adams
– 11 –

Revolução Americana versus Francesa
– 15 –

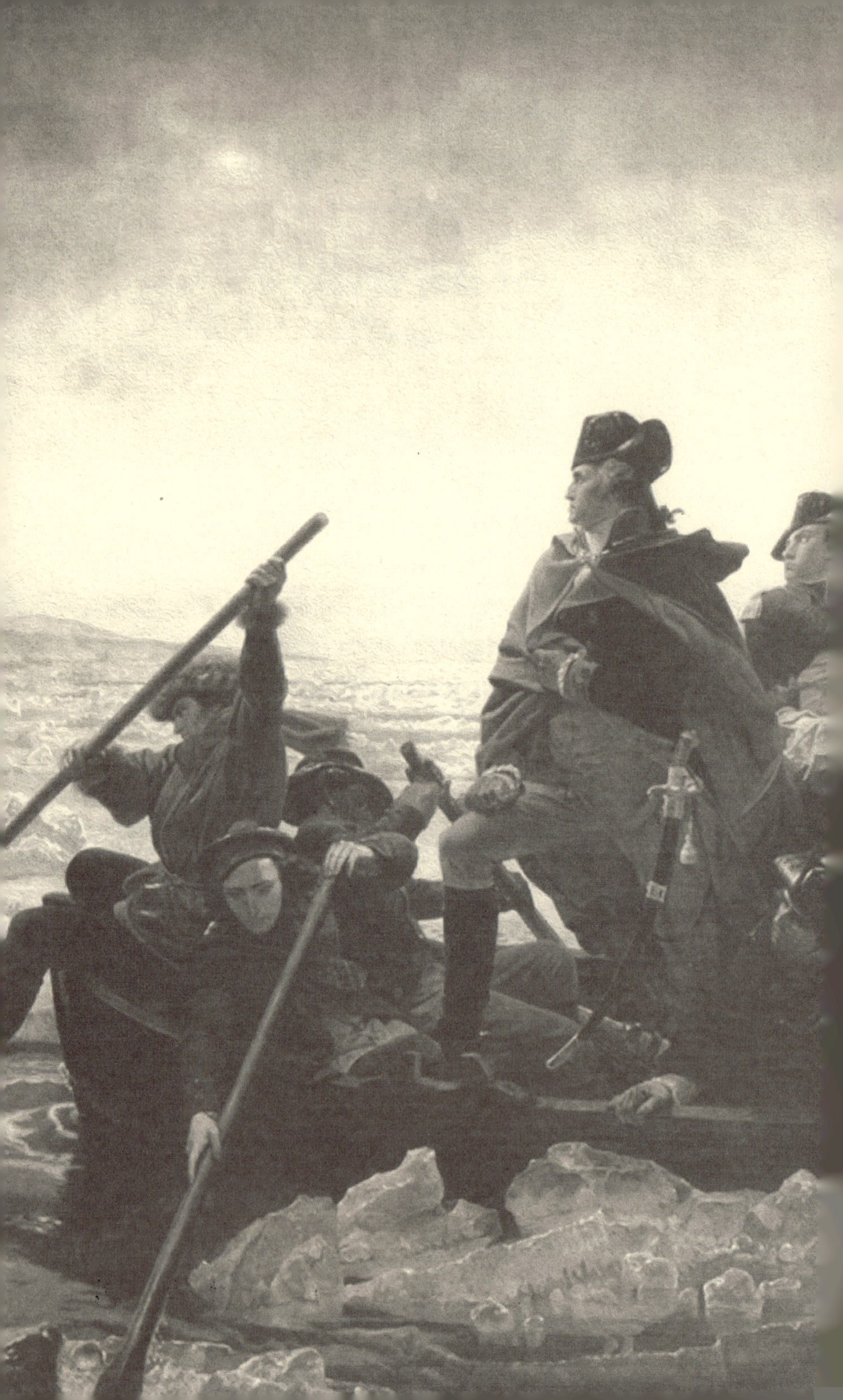

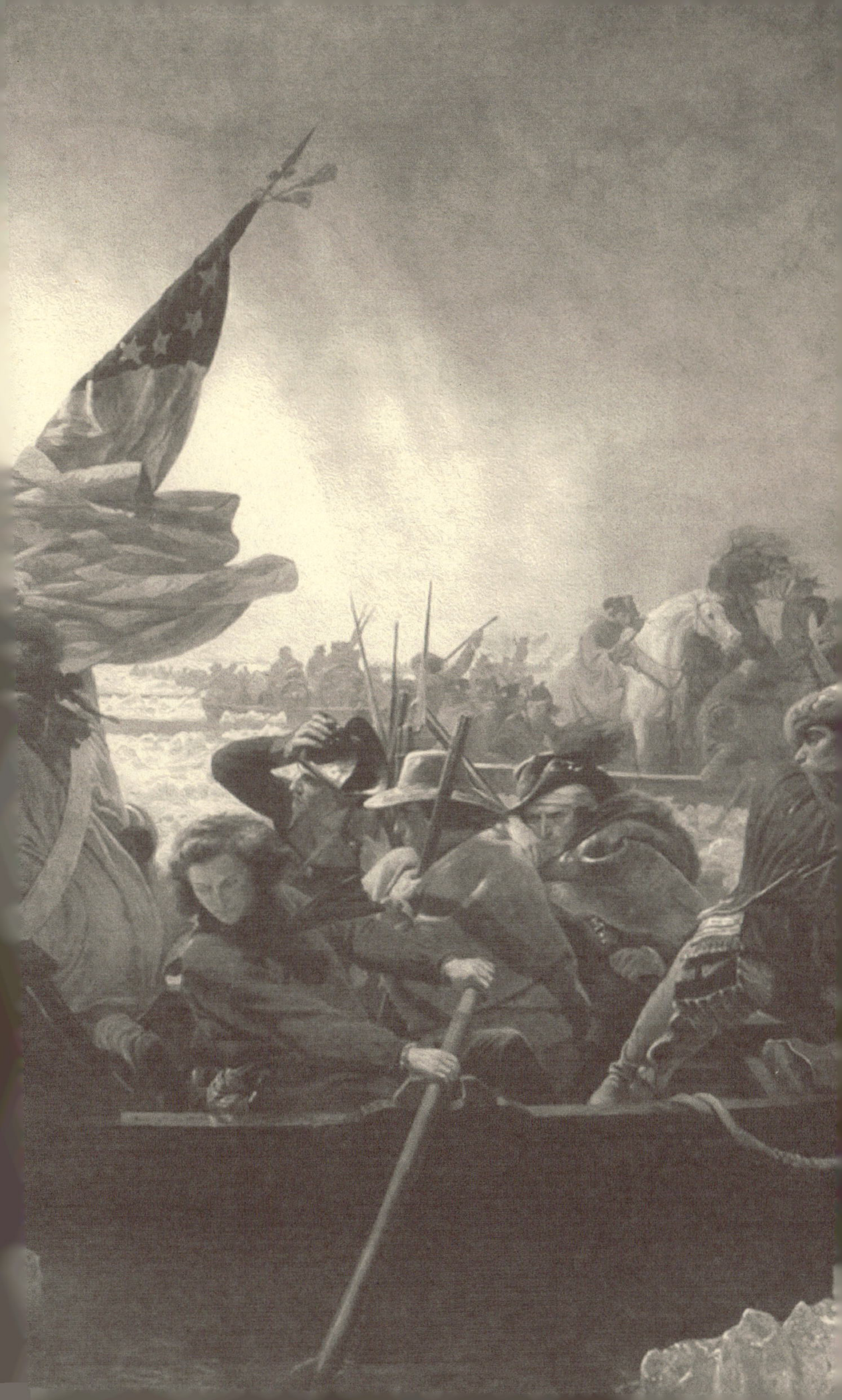

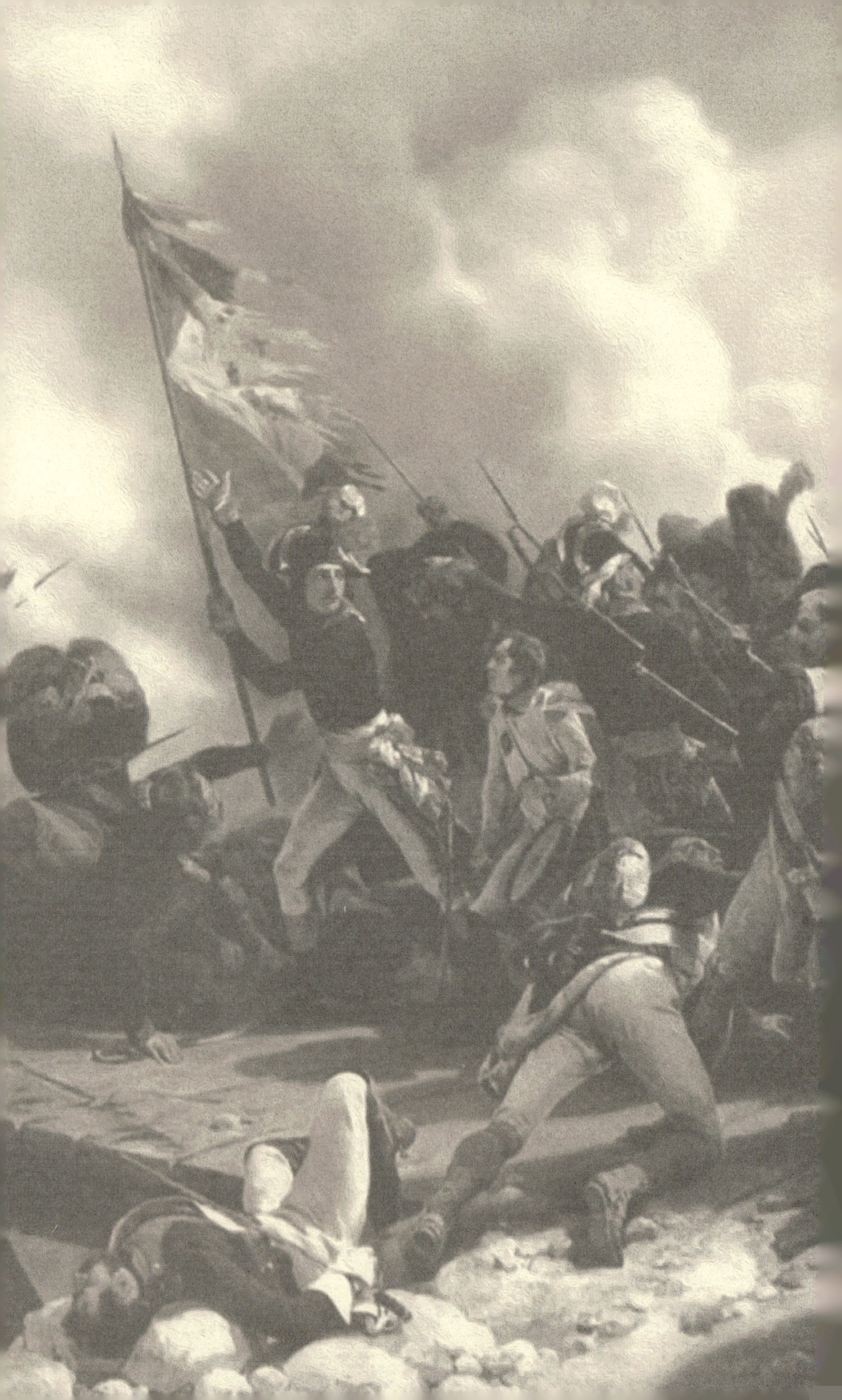

PREFÁCIO

por John Quincy Adams

O ensaio, cuja tradução é apresentada aqui, foi divulgado no *Historic Journal,* uma edição mensal publicada em Berlim, e foi escrito pelo sr. Gentz, um dos escritores políticos mais ilustres da Alemanha. É, por duas razões, altamente interessante para os americanos: primeiro, porque contém o relato mais claro do surgimento e do progresso da revolução que estabeleceu a sua independência, [relato esse] que já apareceu dentro de uma extensão tão pequena; e segundo, porque livra essa revolução da vergonhosa imputação de ter partido dos mesmos princípios que a da França. Esse erro não foi repetido com mais frequência nem teve uma tendência mais perniciosa do que na própria América. Aqui não foi simplesmente um argumento trivial, como o sr. Gentz afirma ter sido na Europa, mas foi sancionado pela autoridade de homens reverenciados por seus talentos, e que, no mínimo, deveriam ter tido mais discernimento.

A diferença essencial entre esses dois grandes eventos, em seu *surgimento*, seu *progresso* e seu *término*, é aqui mostrada sob várias luzes, uma das quais sozinha já é suficiente para um homem honesto. Um filósofo moderno pode argumentar que o xerife, que executa um criminoso, e o salteador de estradas, que assassina um viajante, agem de acordo com os mesmos princípios; o senso comum da humanidade ainda verá a mesma diferença entre eles, que é aqui provada entre as revoluções Americana e Francesa – a diferença entre o *certo* e o *errado*.

Presumimos que isso irá oferecer uma gratificação pura e correta à mente de todo leitor americano verdadeiramente patriota, ver o testemunho honroso prestado por um estrangeiro brilhante, bem-informado e imparcial aos princípios e conduta da revolução do nosso país. O julgamento de um nativo americano será naturalmente enviesado por essas parcialidades em favor de seu país, das quais é tão difícil para o cidadão se desvencilhar na qualidade de historiador. As causas do ódio e da afeição devem estar mais distantes da mente de um estrangeiro, e suas deliberações devem, portanto, ter um valor intrínseco maior. O historiador de seu próprio país deve sempre ser considerado, de alguma forma, como seu advogado; mas um estrangeiro imparcial é seu juiz.

A aprovação de um escritor como o sr. Gentz é ainda mais preciosa por não ser desqualificada. A censura branda que ele faz a certas partes de nossos procedimentos é a prova mais forte de sua real imparcialidade; e, embora nossos sentimentos como americanos possam diferir dos dele em vários pontos de especulação política, encontraremos pouquíssimas instâncias, se é que alguma, que tenham incorrido em sua censura, as quais nossa própria franqueza igualmente não desaprovará.

REVOLUÇÃO AMERICANA VERSUS FRANCESA

A Revolução da América do Norte[1], no curso dos eventos, foi a vizinha mais próxima daquela da França. Uma parte muito considerável daqueles que foram contemporâneos e testemunhas desta última também sobreviveram à primeira. Algumas das personagens mais importantes que fizeram parte da Revolução Francesa, cerca de dez anos antes, tinham sido ativas no teatro daquela na América. O exemplo desse empreendimento, coroado com o mais completo sucesso, deve ter tido uma influência mais imediata e poderosa sobre aqueles que destruíram o antigo governo da França do que o exemplo de qualquer revolução europeia anterior: as circunstâncias nas quais a França se encontrava no início de sua revolução tinham sido, se não totalmente, mas em grande parte, causadas pelo papel que ela havia desempenhado na [revolução] da América. Na conduta e na

---

1. A Guerra Revolucionária Americana, ou Guerra da Independência Americana, foi um conflito de natureza político-militar entre a Grã-Bretanha e suas 13 colônias norte-americanas, as quais, rejeitando o governo imperial, declararam independência, formando assim os Estados Unidos da América. Fundamentalmente, o conflito envolveu um processo de pesada política inglesa de cobrança de impostos sem dar a devida representatividade às colônias. O aumento dos desentendimentos políticos desencadeou um ciclo perpétuo de atos provocadores e leis punitivas que levaram à rebelião aberta. De início, as colônias passaram a rejeitar a governança do Parlamento inglês e, mais tarde, da própria coroa. Elas expulsaram todos os funcionários ligados à monarquia e, em 1774, criaram treze Congressos Provinciais ou assembleias equivalentes com o objetivo de formar estados individuais dotados de autonomia.

linguagem da maioria dos fundadores da Revolução Francesa, era impossível não perceber um esforço para imitar o curso, os planos, as medidas, as formas e, em parte, a linguagem daqueles que conduziram a da América, e para considerar isso, em todas as ocasiões, como o modelo e a justificativa da sua própria revolução.

Por todas essas causas, mas especialmente porque a lembrança da Revolução Americana ainda estava fresca em todas as mentes; porque os princípios aos quais ela havia dado valor ainda soavam em todos os ouvidos; porque a disposição preparatória da mente, que ela havia agitado e deixado para trás em todos os lugares da Europa, favorecia todos os empreendimentos semelhantes ou apenas aparentemente semelhantes, ficou muito fácil para aqueles que tinham um interesse manifesto em ver a Revolução Francesa comparada de um modo superficial e, portanto, colocada no mesmo terreno e confundida com a da América atrair a grande maioria do público para esse ponto de vista fundamentalmente falso. No período de grandes comoções e de discussões animadas, veementes e de grande alcance, um número muito pequeno de homens é capaz, e, talvez, um número ainda

---

Após isso, em 1775, as colônias finalmente se uniram e deram início ao conflito armado contra os ingleses, pois, para elas, em virtude de seus atos de tirania, a coroa britânica havia perdido o direito de legitimamente exigir sua lealdade. O conflito foi encerrado em 1778, por meio de um acordo de paz. Disponível em: https://www.worldhistory.org/American_Revolutionary_War/. Acesso em: 29 jan. 2025. (N. T.)

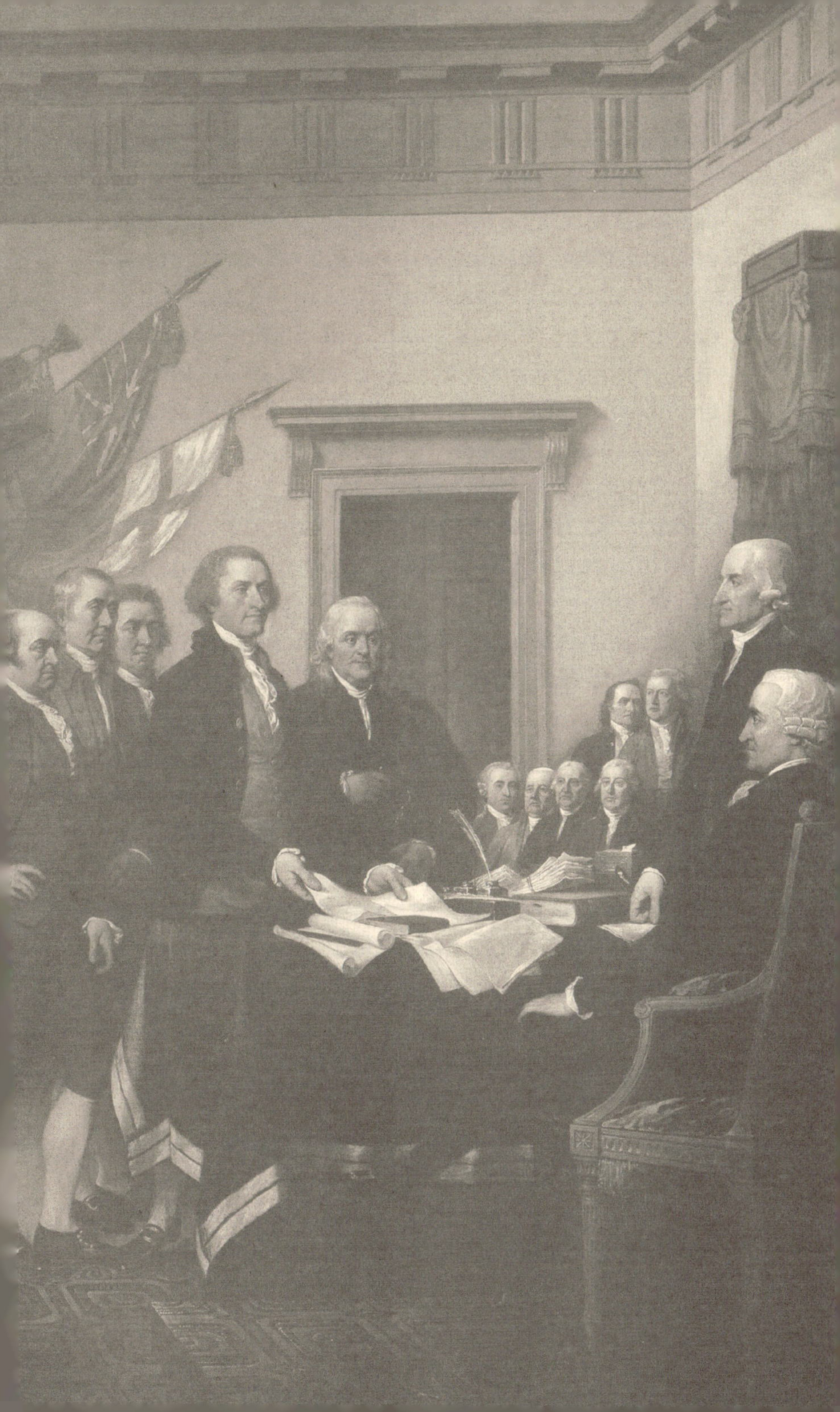

menor está disposto, com vigorosa energia nativa, a penetrar na essência dos eventos e a assumir a dolorosa tarefa de formar um julgamento baseado em uma longa meditação e estudo perseverante. A semelhança das duas revoluções foi tomada como certa, e como muitas pessoas de entendimento e discernimento respeitáveis haviam se declarado entusiástica e decisivamente a favor da americana, tornou-se uma espécie de lugar-comum reconhecido "que, o que havia sido justo na América, não poderia ser injusto na Europa". Além disso, como o último resultado da Revolução Americana foi esplêndido e glorioso no mais alto grau; como seu desfecho havia sido indubitavelmente vantajoso para a América, indubitavelmente vantajoso para a maioria dos outros Estados e indubitavelmente vantajoso para a própria Inglaterra; como essa importantíssima circunstância e a maior moderação e imparcialidade que o tempo e a tranquilidade sempre trazem aos julgamentos dos homens finalmente reconciliaram com essa revolução seus oponentes mais violentos, uma analogia irresistível parecia justificar uma expectativa semelhante em relação à [Revolução] da França e um segundo lugar-comum muito mais perigoso que o primeiro, porque apreendeu seus conteúdos no espaço vazio do futuro distante, reunindo uma grande parcela da raça humana sob o feitiço da esperança ilusória de que "o que na América conduziu ao benefício público, conduzirá, e deverá, mais cedo ou mais tarde, na França e em toda a Europa, conduzir igualmente ao benefício público".

A melancólica experiência de dez desastrosos anos, de fato esfriou de maneira considerável essa crença, mas ela ainda não está completamente extinta; e mesmo aqueles que começaram a vacilar na fé, sem, no entanto, renunciar aos princípios pelos quais justificam a Revolução Francesa, livram-se de sua perplexidade recorrendo a circunstâncias externas e acidentais, que impediram todo o bem que poderia ter se seguido, sob o pretexto de que a revolução ainda não estava totalmente concluída, e a outros subterfúgios igualmente inúteis. A justiça da origem de ambas as revoluções, eles supõem como algo certo; e se uma delas produziu consequências mais salutares do que a outra, eles atribuem isso à Fortuna, que aqui favorece e ali abandona os empreendimentos dos homens. No geral, uma igualdade de sabedoria entre os fundadores das duas revoluções é tão presumida quanto uma igualdade de integridade.

Portanto, certamente não será uma tarefa ingrata comparar as duas revoluções em suas características essenciais, em suas causas originárias e em seus princípios iniciais. No entanto, a fim de preparar o caminho para essa comparação, não será supérfluo apresentar, de forma concisa, as principais características da origem da Revolução Americana. Pode-se justamente tomar por certo que, uma vez que os últimos dez anos quase exauriram todos os poderes de atenção e memória, os traços característicos da origem e do primeiro progresso dessa revolução não estão mais distintamente presentes nas mentes, inclusive nas de muitos de seus contemporâneos: há, além disso, alguns pontos no quadro desse grande evento que, à época em que ocorreu, escaparam a quase todos os observadores e que somente em um período posterior se revelaram em todas as suas cores vivas aos olhos penetrantes da meditação e da experiência[2].

As colônias inglesas na América do Norte, longe de serem uma instituição regular projetada pela sabedoria europeia com vistas ao futuro, foram muito mais a pura produção da miopia e da injustiça europeias. Intolerância política e religiosa, assim como convulsões nesses âmbitos, haviam expulsado os primeiros colonos de seu país: o único favor concedido a eles foi deixá-los por conta própria. Que suas instituições, em menos de duzentos anos, formariam uma grande nação e dariam ao mundo uma nova configuração era algo oculto tanto aos seus próprios olhos quanto aos olhos daqueles que os expulsaram de seu seio.

Na aparente insignificância desses assentamentos e na falsa medida pela qual a profunda ignorância dos europeus estimava o valor de tais

---

2. Assim, por exemplo, entre todos os estadistas e literatos que falaram ou escreveram a favor ou contra a Revolução Americana, houve apenas dois que, mesmo naquela época, previram que a perda das colônias não seria uma desgraça para a Inglaterra: um, Adam Smith, era pouco lido naquela época e, talvez, pouco compreendido; o outro, Dean Tucker, era considerado um visionário excêntrico.

possessões distantes estava o primeiro fundamento do extraordinário progresso que as colônias norte-americanas já haviam alcançado sob a segunda e a terceira gerações de seus novos habitantes. Em sendo assim, somente ouro e prata poderiam atrair a atenção dos governos europeus. Uma terra distante, onde nenhum desses poderia ser encontrado, era, sem hesitação, abandonada à própria sorte. De tal país não se esperava nenhuma *receita*; e o que não aumentasse imediatamente as receitas do Estado não poderia ter pretensões ao seu apoio ou ao seu cuidado especial.

Ainda assim, pela energia peculiar e criativa de uma massa em rápido crescimento de homens empreendedores e incansavelmente ativos, favorecidos por um território extenso, frutífero e bem situado, bem como por formas simples de governo bem adaptadas aos seus objetivos e por uma paz profunda, essas colônias, assim negligenciadas e quase esquecidas pela pátria-mãe, cresceram, após uma infância curta, a passos gigantescos para a plenitude e consistência de uma juventude brilhante. O fenômeno de sua inesperada grandeza despertou os europeus com súbita violência do sono de uma indiferença impensada e, por fim, mostrou-lhes um mundo realmente novo, totalmente preparado para rivalizar com o antigo, para o qual, no entanto, era, ao mesmo tempo, uma fonte inesgotável de riqueza e prazer. Mesmo antes de meados deste século, todas as potências marítimas da Europa, mas a Inglaterra mais do que todas as outras, porque a fundação de suas colônias havia acidentalmente se afastado o mínimo possível dos bons princípios, descobriram que o valor peculiar e único de todas as possessões europeias externas consistia no mercado ampliado que elas abriam para a indústria da pátria-mãe; que não era a soberania vazia sobre enormes territórios nem era o direito estéril de propriedade sobre minas de ouro e prata, mas apenas a maior facilidade de venda de produções europeias e uma troca vantajosa delas pelas produções das regiões mais distantes que deram à descoberta da América o primeiro lugar entre todos os eventos benéficos para o mundo.

Assim que essa grande verdade começou a ser percebida de forma tão obscura, então, necessariamente, todos os esforços da pátria-mãe se concentraram em dar ao seu comércio com as colônias a maior extensão e a direção mais profícua; e para esse fim, mesmo em tempos tão pouco distantes do presente, como aqueles dos quais falo, nenhum outro meio foi concebido além do *monopólio*. Ao obrigar os habitantes das colônias a receber exclusivamente da pátria-mãe todos os artigos europeus de que necessitassem e a vender exclusivamente para ela todas as suas produções, por cuja circulação os comerciantes da pátria-mãe poderiam esperar um certo lucro, passou-se a supor que esse vasto mercado, cuja importância se tornava mais evidente ano após ano, seria melhorado em toda a sua extensão e sob as condições mais lucrativas.

O erro que estava na base desse sistema era perdoável. Os princípios genuínos sobre a natureza e as fontes de riqueza e sobre os verdadeiros interesses das nações comerciais mal haviam germinado em algumas cabeças ilustres e nem mesmo estavam desenvolvidos, muito menos reconhecidos. Aliás, se naquele período inicial um único Estado pudesse ter se elevado à altura desses princípios, de um lado tendo renunciado a todos os preconceitos e de outro, a todo ciúme mesquinho, e sentisse uma convicção viva de que a liberdade e a concorrência geral deveriam ser a base de toda política comercial verdadeira e o princípio mais sábio do comércio com as colônias, ainda assim não poderia ter dado ouvidos esse princípio sem se sacrificar. Pois ao deixar suas colônias livres, teria corrido o risco de vê-las cair nas mãos de outro, que a excluiria de seu mercado. A Inglaterra não tinha o privilégio de ser sábia sozinha, e esperar um acordo geral entre as potências comerciais teria sido loucura. Como, portanto, um comércio colonial baseado no monopólio ainda era melhor do que nenhum, não restava para um Estado, na situação da Inglaterra, mesmo que com muita sorte ela tivesse antecipado o resultado de uma longa experiência e de uma profunda meditação, nenhum outro sistema além do *monopólio*.

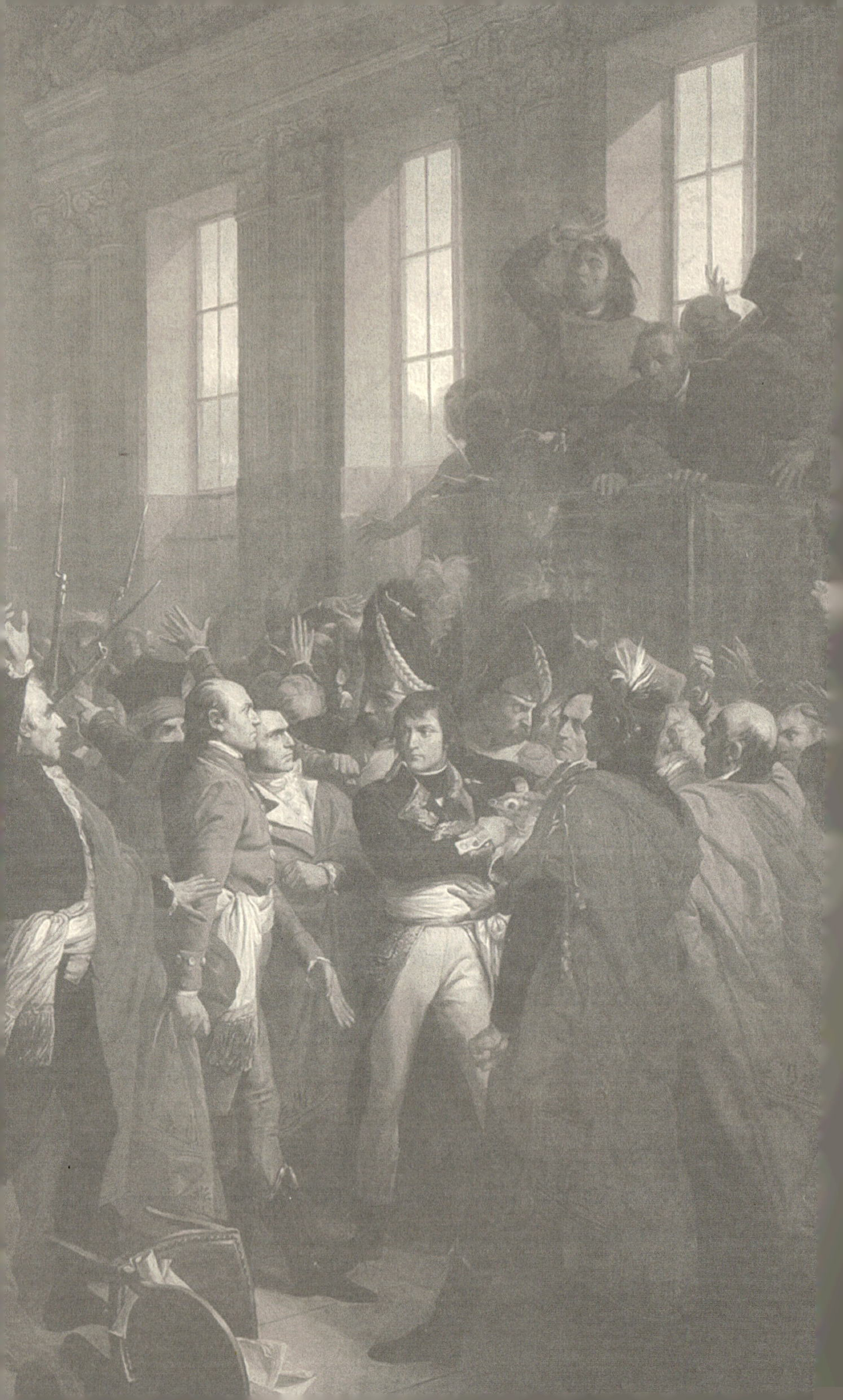

Nessas circunstâncias, garantir para si o comércio exclusivo das colônias era, necessariamente, o objetivo mais alto da política da Inglaterra. O estabelecimento desse comércio exclusivo, que naturalmente surgiu das relações originais entre as colônias e a pátria-mãe, não tinha sido difícil para o Estado, pois os emigrantes nunca receberam o menor apoio. Mas sua manutenção era ainda mais cara. A posse das colônias foi o motivo de guerras. A guerra de oito anos entre a França e a Inglaterra, concluída no ano de 1763, pela paz de Fontainebleau, e que aumentou a dívida nacional inglesa em quase 100 milhões de libras esterlinas, tinha o interesse colonial como seu único objetivo. A conquista do Canadá não valeria em si um décimo das somas que aquela guerra custara; o firme estabelecimento do monopólio comercial era propriamente o propósito final para o qual aquela quantia havia sido gasta.

É uma grande dúvida, se, mesmo independentemente das infelizes diferenças que eclodiram imediatamente após o fim daquela guerra, suas consequências não teriam sido mais perniciosas do que salutares para a Inglaterra. A aniquilação do poder francês na América do Norte completou a existência política das colônias inglesas, e, apoiada pelo progresso ainda acelerado de sua riqueza e de seu vigor, deu-lhe uma consciência de segurança e estabilidade, que, mais cedo ou mais tarde, deve ter se tornado perigosa para sua conexão com a pátria-mãe. É mais do que improvável que essa conexão tenha sido permanente. É difícil acreditar que, sob circunstâncias mais favoráveis, ela teria durado mais um século. Nenhuma nação governou suas colônias com princípios mais liberais e equitativos do que a Inglaterra, mas o sistema antinatural, que acorrentava o crescimento de um grande povo ao interesse comercial exclusivo de um país distante mil léguas[3], mesmo com a organização mais liberal de que era capaz, não poderia ter durado para sempre[4]. No entanto, certamente teria se mantido pelos próximos cinquenta anos e talvez pudesse ter sido dissolvido de uma forma mais branda e feliz de como agora aconteceu, caso a Inglaterra, sob o mais desgraçado dos fascínios, não tivesse caído na tentação de obter, além do benefício de um comércio exclusivo, outro benefício imediato por meio de uma receita pública americana.

É difícil decidir qual dos motivos secretos, que de ambos os lados foram imputados ao ministério daquela época, primeiro trouxe à existência esse projeto pernicioso. O mais perdoável de todos, o desejo de aliviar o fardo dos impostos sobre o povo da Grã-Bretanha e especialmente sobre os

---

3. Cada légua equivale a 4,83 quilômetros. (N. T.)
4. Enquanto os colonos continuassem encontrando uma vantagem primordial na *cultura da terra*, eles provavelmente continuariam suportando sua dependência. Mas quando chegasse o período crítico, quando, no progresso natural da sociedade, uma parte considerável do capital passasse a ser empregada na *manufatura*, o monopólio inglês teria se tornado insuportável.

proprietários de terras, um fardo que a guerra muito agravou, é, infelizmente, ao mesmo tempo, o mais improvável. Dinheiro em espécie[5] era exatamente aquilo em que a América do Norte menos abundava; cobrar, naquele país, um imposto de qualquer importância significativa era algo que dificilmente poderia ter ocorrido a qualquer inglês com o mínimo de informação; e o fato de que, em meio aos mil obstáculos que necessariamente se opuseram à cobrança de tal imposto, seu produto líquido para o tesouro acabaria sempre reduzido a nada, dificilmente poderia escapar da sagacidade de qualquer pessoa versada no assunto. Se considerarmos atentamente todos os lados, se observarmos cuidadosamente certas expressões dos ministros daquela época, e o que mais tarde se soube serem suas ideias favoritas, bem como todo o curso das transações sobre os assuntos americanos, dificilmente poderemos evitar a crença de que o que é, em geral, considerado a *consequência* do primeiro plano do tesouro, o ciúme da supremacia ilimitada do Parlamento, foi, antes, o motivo apropriado para esse plano; e a apreensão secreta de que a América poderia se cansar de seus grilhões levou-os ao perigoso experimento de amarrar correntes ainda mais apertadas sobre ela.

---

5. É um termo que se refere a moeda de metal, como o ouro, e que era usada como dinheiro antes do surgimento do dinheiro de papel. Disponível em: https://mises.org/power-market/specie-money-forgotten-currency. Acesso em: 30 jan. 2025 (N. T.)

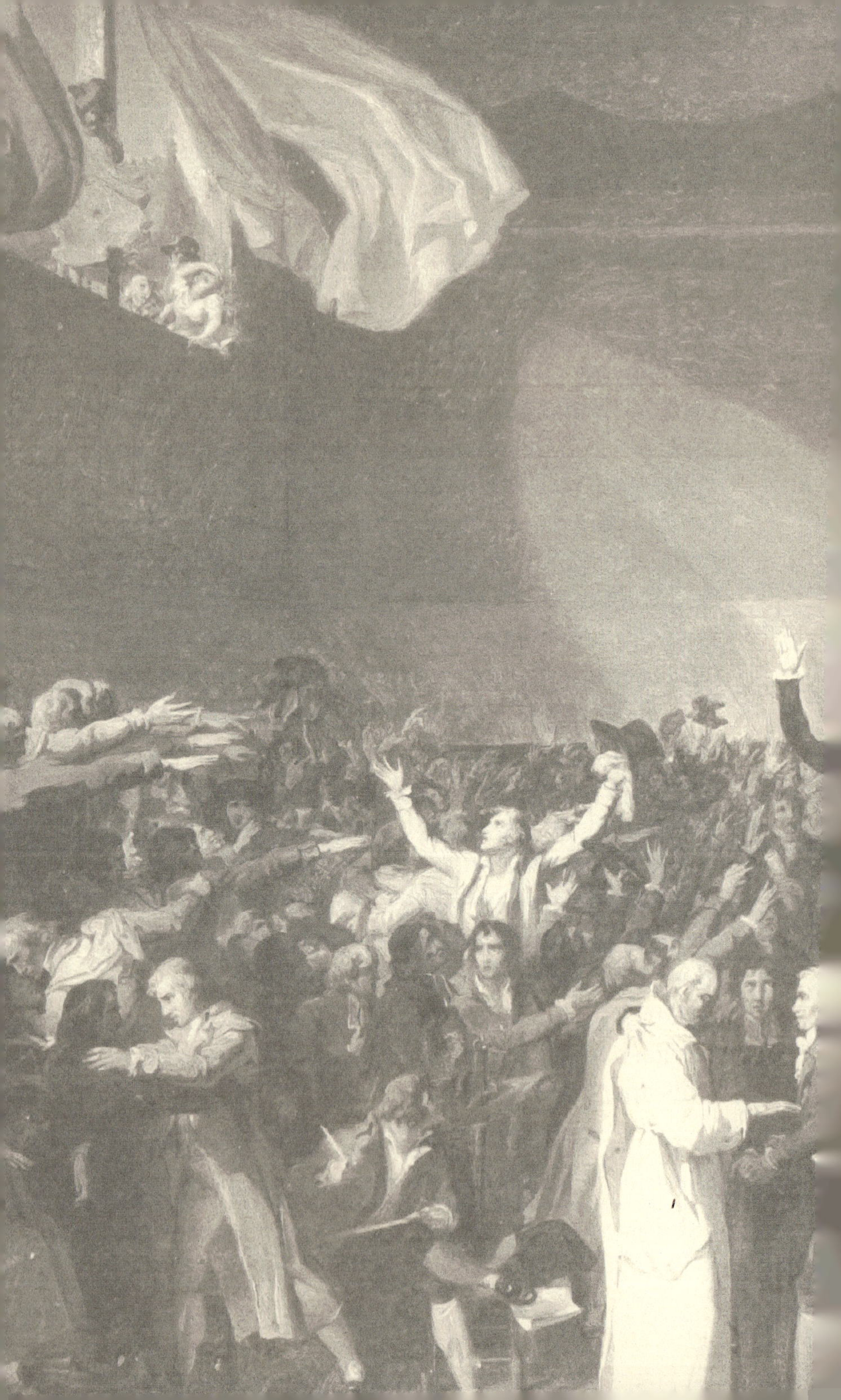

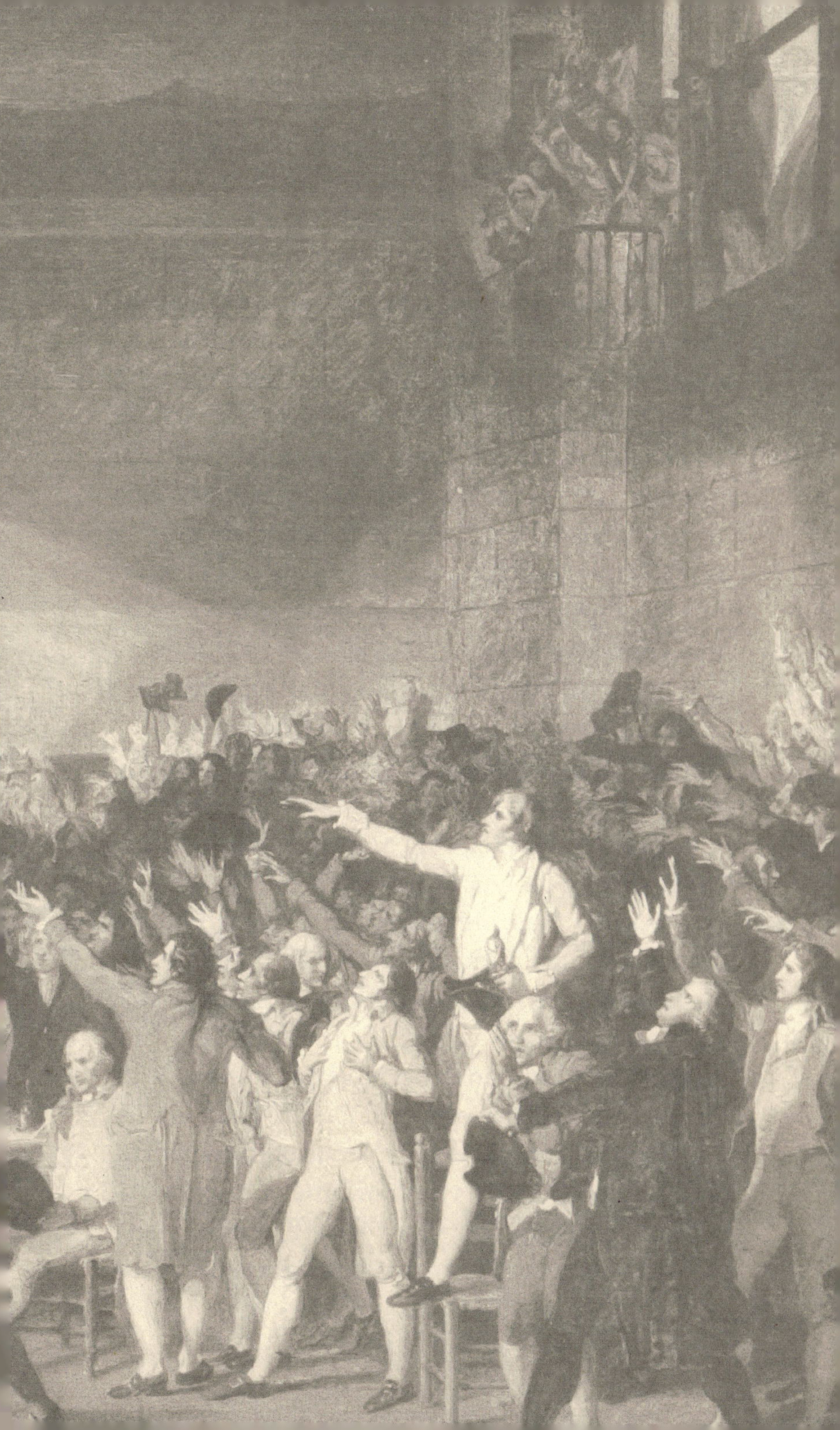

O primeiro passo nessa carreira inexplorada foi dado imediatamente após a paz de 1763, e sob os auspícios mais desfavoráveis. O ministro das Finanças, George Grenville (1712-1770), além de ser, em todos os aspectos, um estadista estimável e excelente, mas cuja mente não era grande ou flexível o suficiente para considerar o novo sistema em todos os seus pontos de vista, pensou que poderia forçar sua execução exatamente no período em que, por vários atos severos do Parlamento, ele trouxera de volta as relações comerciais entre a Inglaterra e as colônias o mais próximo possível dos princípios do monopólio; conseguira, com as mais opressivas regulamentações, o comércio de contrabando americano e, assim, despertara um grande descontentamento em todas as mentes. O imposto com o qual ele propôs fazer sua primeira tentativa, era um imposto de selo sobre registros judiciais, jornais etc., com o qual o Parlamento, no início do ano de 1765, consentiu.

 As colônias, até então, não pagavam outros impostos além daqueles que eram necessários para a administração interna, e essas taxas, proporcionalmente insignificantes, haviam sido prescritas e avaliadas pelas várias assembleias representativas de cada colônia. Em casos de urgência, por exemplo, no decorrer da última guerra, essas assembleias haviam levantado, e apresentado ao governo, contribuições extraordinárias e voluntárias; mas não havia, na América do Norte, nenhum exemplo de imposto público levantado por ato do Parlamento. Se o Parlamento, nas leis que regulavam o comércio, por vezes introduzia uma entrada insignificante, ou taxa de liberação, o mais distante traço jamais apareceu em nenhuma transação pública de um projeto para fazer com que a América contribuísse imediatamente para as exigências gerais do Império Britânico.

Uma longa e venerável *observância* havia sancionado essa imunidade colonial; mil considerações equitativas, e, acima de tudo, o fato de que o monopólio comercial britânico era por si só equivalente a um imposto pesado e inestimável, justificavam essa observância; e o mais importante de tudo é que até mesmo a autoridade do Parlamento para violar essa imunidade era discutível, dadas as armas fornecidas pelo espírito da própria Constituição inglesa. Sempre foi uma máxima favorita dessa Constituição que nenhum britânico poderia ser compelido a pagar impostos que não fossem exigidos por seus próprios representantes, e sobre essa máxima repousava todo o poder constitucional da Câmara Baixa [Câmara dos Comuns] no Parlamento. Que os habitantes das colônias, em todos os sentidos da palavra, eram britânicos, ninguém questionava; e o Parlamento, que se considerava autorizado a tributá-los, até mesmo nisso, os reconhecia como concidadãos. No entanto, eles não tinham representantes no Parlamento e, devido à distância, não podiam propriamente ter nenhuma pretensão a esse respeito. Se, portanto, em relação a eles, o princípio constitucional mantivesse sua força, suas contribuições só poderiam ser determinadas por suas assembleias coloniais, e o Parlamento britânico não tinha mais direito de exercer o direito de tributação sobre eles do que sobre o povo da Irlanda.

No entanto, se esse direito fosse apenas questionável, seria, para todos os efeitos, um passo falso e arriscado trazê-lo à discussão. De qualquer modo, levantar uma controvérsia a respeito dos limites do poder supremo no Estado, sem uma necessidade mais urgente, contraria as regras da mais simples da política do Estado. Duplamente perigosa deve ser tal controvérsia aqui, onde se trata de uma Constituição cuja natureza e limites nunca foram definidos e que, talvez, não sejam passíveis de definição. A relação entre uma colônia e a pátria-mãe é do tipo que não suporta um esclarecimento forte; direitos de soberania, de uma natureza tão peculiar e extraordinária, muitas vezes desapareceram nas mãos daqueles que os dissecam. Agora, quando a pátria-mãe tem uma Constituição como a da Grã-Bretanha, torna-se infinitamente difícil introduzir nessa relação uma harmonia que satisfaça o entendimento e, ao mesmo tempo, a ideia de direito. Jamais se examinou até onde se estendeu a autoridade legislativa do Parlamento em relação às colônias; até certo ponto, no entanto, as colônias admitiram, e teriam continuado a admitir por muito tempo, que o Parlamento estava totalmente autorizado a dirigir e restringir seu comércio na mais ampla extensão da palavra. Isso sozinho estava claro; mas só isso era essencial para a Inglaterra. Uma tentativa de ir além significava, manifestamente, colocar tudo em risco.

O surgimento da lei do selo na América foi o sinal para uma comoção universal. As novas leis contra o comércio de contrabando já haviam irritado a disposição do povo, porque manifestavam claramente o propósito de manter o monopólio comercial britânico em seu maior vigor; mas essas leis foram recebidas em silêncio, porque não havia pretensão ao direito de reclamar contra elas. Agora, um novo e, até então, inédito sistema, o de levantar na América do Norte um imposto para o tesouro da Inglaterra, seria introduzido, e de uma forma necessariamente odiosa para as colônias, pois um imposto de selo, por várias causas locais, sempre foi, na América do Norte, um imposto opressivo. A oposição se espalhou em poucos dias entre todas as classes de pessoas; nas mais baixas, explodiu em excessos de todo tipo; nas mais altas, por meio de uma resistência obstinada e deliberada, especialmente a partir de um acordo geral de não importar nenhuma mercadoria da Grã-Bretanha até que a lei do selo fosse revogada. Com o temperamento, que prevaleceu de uma ponta a outra das colônias, e com a bem conhecida perseverança, que beirava à obstinação, do autor do projeto, talvez essa primeira luta pudesse ter terminado na separação total, não tivesse a administração na Inglaterra caído em outras mãos naquele momento.

O ministério, que no verão de 1765 assumiu os assuntos da nação, rejeitou inteiramente o novo sistema de tributação imediata na América. Os princípios brandos e as máximas populares do marquês de Rockingham (1730-1782) o tornaram avesso a um caminho, no qual somente a violência poderia levar ao objetivo; e o secretário de Estado, o general Conway (1721-1795), quando o negócio foi transacionado pela primeira vez no Parlamento, tinha sido o mais poderoso e ardente opositor de Grenville. A lei do selo foi revogada na primeira sessão do ano de 1766; mas, para evitar que a honra do Parlamento afundasse completamente, a essa revogação foi vinculado um ato declaratório, intitulado "An Act for securing the Dependence of the Colonies" ["Uma Lei para Garantir a Dependência das Colônias"]; no qual o direito de a Grã-Bretanha legislar para as colônias em todos os casos foi solenemente mantido.

Esta última medida, por si só, não poderia ser indiferente para os americanos; no entanto, a alegria pela revogação da lei do selo foi tão grande, que nenhuma consideração foi dada às possíveis consequências dessa lei, que foi anexada como um contrapeso a esse apelo; e provavelmente a paz e a concórdia teriam sido restauradas e garantidas por um longo tempo se o ministério inglês não tivesse, em um momento infeliz, trazido novamente à luz o projeto fatal de arrecadar uma receita da América. A administração do marquês de Rockingham foi dissolvida logo após a revogação da lei do selo e foi sucedida por outra, à frente da qual estava de fato o nome, mas não mais o gênio, do conde de Chatham (1708-1778). Charles Townsend (1725-1767), chanceler do tesouro, um homem de talentos esplêndidos, mas de caráter frívolo e temerário, que almejava atingir o mais alto nível de influência no Estado – quando uma morte prematura o arrebatou da carreira –, propôs para as colônias, no ano de 1767, um imposto sobre a importação de vidro, papel, tintas para pintura e chá, e, embora vários ministros, e entre os demais o duque de Grafton (1735-1811), que estava à frente do departamento do tesouro, tivessem silenciosamente contestado essa proposta, o Parlamento acabou adotando-a como lei. Os defensores desse novo plano se entrincheiraram atrás do argumento fraco de que, embora o Parlamento, ao revogar a lei do selo, tivesse renunciado a uma tributação direta das colônias, ainda assim não se poderia deduzir daí nenhuma renúncia à tributação indireta, que estava intimamente ligada ao direito de regular o comércio.

 Mesmo que esse raciocínio tivesse silenciado a oposição no Parlamento, não seria, de modo algum, suficiente para satisfazer as colônias. O objetivo hostil do novo estatuto não poderia escapar da mais curta visão. Os impostos prescritos, sendo anunciados meramente como taxas impostas, eram de fato reconciliáveis com a carta dessa imunidade, que está tão perto do coração dos colonos, mas seu objetivo secreto dificilmente poderia ser outro senão arrancar, pelo emprego de ardis, o que não se aventurou a ser mantido pela força. A insignificância do benefício que a Inglaterra poderia obter com esses impostos, que teriam produzido apenas cerca de 20 mil libras esterlinas, confirmou muito fortemente tal suspeita; e o caráter peculiar dos novos regulamentos, a perversidade de exigir de um povo, obrigado a receber todos os artigos de que precisava exclusivamente da pátria-mãe, um imposto sobre a importação de tais artigos, tornou o empreendimento completamente odioso. Os impostos de 1767 operaram exatamente da mesma maneira que a lei do selo: o acordo geral de não importação foi renovado em todas as colônias; amargas controvérsias entre as assembleias coloniais e os governadores reais, cenas violentas entre os cidadãos de diversas cidades e os militares, resistência de um lado e ameaças de outro, tudo isso prenunciava o golpe que logo abalaria o Império Britânico até seus alicerces.

O ministério, no entanto, parecia ter feito mais uma tentativa bem na beira do precipício. No ano de 1769, por meio de uma carta circular do ministro para as colônias, a agradável perspectiva de um rápido alívio dos odiosos impostos foi aberta às assembleias coloniais, e a decidida aversão do duque de Grafton à tributação da América pareceu encorajar as esperanças que tal carta havia suscitado. Mas tão logo ele, no início de 1770, renunciou ao seu cargo, o caso tomou outro rumo. Seu sucessor, lorde North (1732-1792), de fato, nos primeiros dias de sua administração, propôs formalmente a revogação dos impostos americanos, mas com a infeliz exceção de que o imposto sobre o chá deveria continuar como uma prova da autoridade legítima do Parlamento; nem a mais veemente oposição dos partidos unidos de Rockingham e Grenville, que pintaram nas cores mais fortes a insensatez de dar continuidade à disputa depois que o benefício fora abandonado, poderia valer qualquer coisa contra esse plano miserável[6]. A partir daquele momento, ficou claro que o ministério não tinha outro objetivo senão fazer as colônias sentirem seus grilhões.

Os primeiros passos nesse percurso escorregadio tiveram seus fundamentos em falsas representações e julgamentos parciais; no lugar desses *erros*, foram introduzidas *paixões* perigosas, e a paz e o bem-estar da nação iriam ser sacrificados a uma ambição equivocada e a um ciúme destrutivo.

Enquanto isso, a disposição para resistir havia criado raízes profundas em todas as colônias; e quanto mais os compromissos da pátria-mãe se

---

6. Lorde North declarou formalmente no Parlamento que, depois do que havia acontecido, uma revogação completa de todos os novos impostos não poderia ocorrer até que a América fosse colocada aos pés da Grã-Bretanha.

afastavam de seu primeiro objetivo, mais a resistência dos americanos se afastava de seu caráter original. Eles, inicialmente, haviam negado apenas o direito de o Parlamento tributá-los; aos poucos, a esfera de sua oposição se estendeu, e começaram a questionar a autoridade do Parlamento como um todo. Uma vez que haviam tomado aquela terra, era inútil esperar expulsá-los dela. A consciência de sua estabilidade e sua distância da Inglaterra, seu orgulho legítimo nos direitos, derivados de sua ascendência britânica, a lembrança das circunstâncias que levaram seus antepassados à América, a visão do Estado florescente no qual, em um período de 150 anos, eles transformaram um deserto inabitável; a injustiça e a dureza daqueles que, em vez de aliviar sua dependência por meio de tratamento gentil, buscavam diariamente torná-la mais opressiva; tudo isso encorajou o novo impulso que suas ideias e seus desejos haviam tomado. A insensatez da Grã-Bretanha em abandonar, pela discussão inútil de um direito problemático, o aproveitamento imperturbável de uma conexão que, embora nunca analisada e dissecada com precisão teórica, era, mesmo em seu estado indefinido, muito vantajosa, tornou-se cada vez mais visível; mas, longe de se esforçar com uma cautela delicada para curar a ferida perigosa, medidas e mais medidas eram tomadas para inflamá-la. Durante esse período infeliz, quase todas as disposições tomadas pelo governo em relação à administração interna das colônias, aos tribunais de justiça, às assembleias provinciais, às relações entre as autoridades civis e militares pareciam expressamente calculadas para, de uma só vez, amargar e incentivar o descontentamento; e o espírito de insurreição estava há muito tempo em plena posse de todas as mentes, quando uma nova tentativa do ministério o fez explodir de repente, com a maior violência.

A persistente recusa dos americanos em importar chá para as colônias, enquanto o imposto sobre ele, prescrito no ano de 1767 e propositalmente mantido em 1770, não fosse revogado, havia ocasionado uma perda considerável para a Companhia das Índias Orientais, em cujos armazéns, grandes quantidades desse artigo ia se estragando sem serem consumidas. A Companhia chegou a oferecer ao ministro o pagamento, na exportação, do dobro do insignificante imposto de 3 pence sobre a libra, o que ainda era bastante odioso para as colônias, mas essa proposta, por mais vantajosa que fosse, e que abria uma saída muito honrosa para a crise, foi desaprovada e rejeitada por não estar de acordo com o sistema de reduzir a América à submissão incondicional. Mas como o constrangimento da Companhia ia ficando cada vez maior, eles procuraram se ajudar por meio de outro projeto e concluíram que deveriam embarcar o chá para a América por conta própria, pagando, assim, o imposto por meio de seus próprios agentes e, depois, realizando as suas vendas. Como, ao mesmo tempo, por uma lei do Parlamento, a exportação havia ficado isenta de impostos, de modo que o chá, apesar do imposto na América, estaria em um mercado mais barato do que antes, esperava-se que, assim, os americanos abandonassem todos os seus escrúpulos, e, sem sentir imediatamente o imposto oculto no preço do artigo, desistissem de qualquer resistência.

    O evento logo descobriu quão vã essa esperança havia sido. Foi concedido às colônias tempo para que refletissem sobre sua situação e julgassem o procedimento ministerial sob o ponto de vista que era essencial. Os comerciantes, que durante o acordo americano contra a importação de chá inglês, haviam enriquecido a si mesmos com o comércio de contrabando de chás estrangeiros, poderiam, quem sabe, apenas por considerações mercantis, abominar a ação da Companhia das Índias Orientais, sancionada pelo governo, mas a grande massa do povo e os patriotas mais esclarecidos da América viram e condenaram, nesse empreendimento, nada além do propósito evidente de fazer valer o direito de tributação do Parlamento britânico. O fato notável de a Inglaterra ter recusado a receita maior que os impostos sobre a exportação dos portos britânicos teriam produzido, a fim de garantir a cobrança de um imposto de entrada muito menor na América, revelou uma obstinação amarga e passional que, juntamente com tantos outros sintomas de hostilidade, ameaçou as colônias com um futuro sombrio.

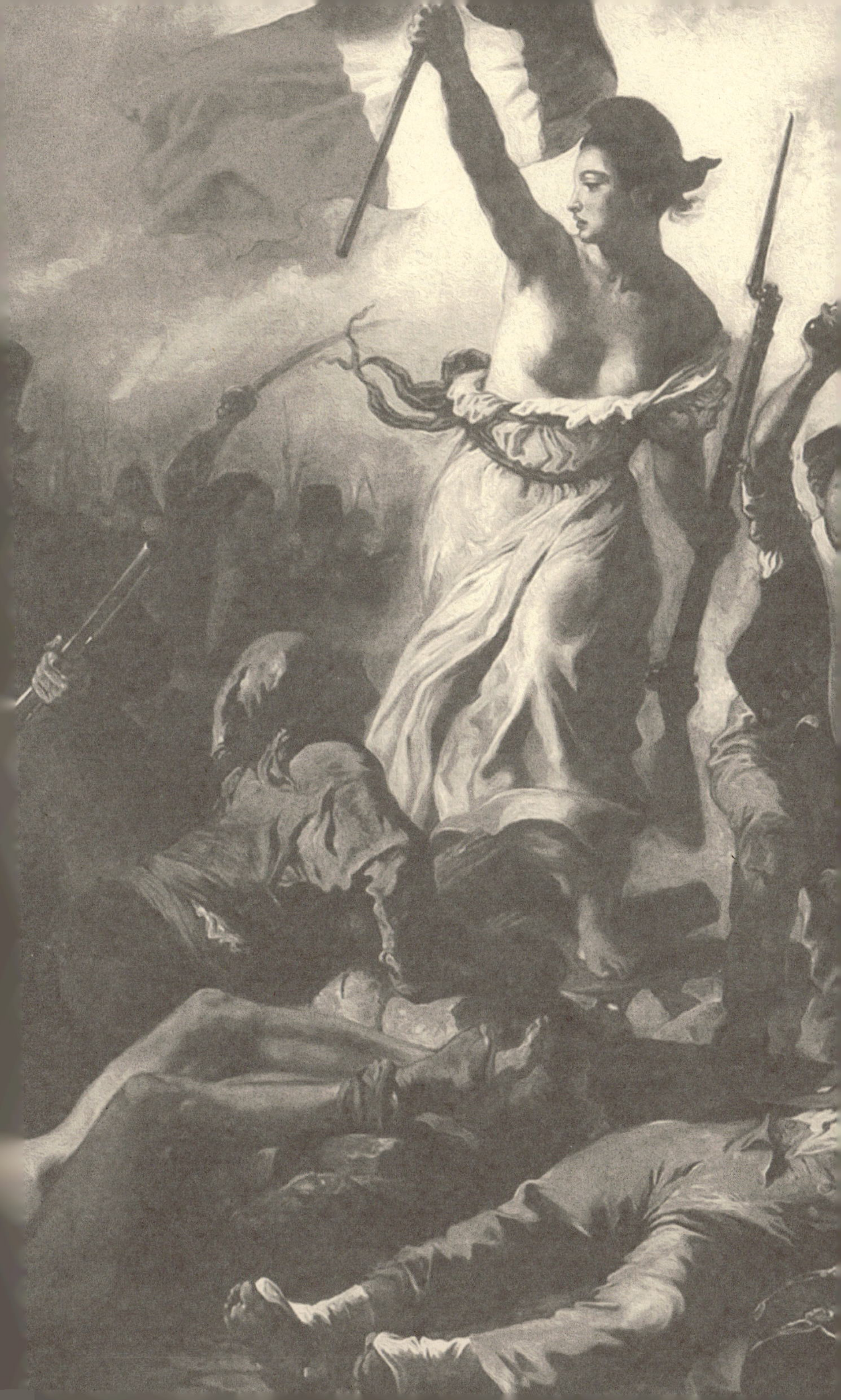

Quando o primeiro relatório sobre o envio desses navios de chá chegou à América, de Newhampshire à Geórgia, preparativos universais para uma resistência mais viva foram feitos. Os agentes da Companhia não se atreveram a receber as mercadorias em nenhum lugar; em Nova York, na Filadélfia e em muitas outras cidades, foram realizados protestos tão fortes contra a descarga dos navios, que eles foram obrigados a retornar intocados. Em Boston, onde, desde o início, o espírito de resistência tinha sido o mais violento, o governador Hutchinson (1711-1780) adotou medidas para impossibilitar o retorno dos navios antes que o objetivo fosse alcançado; mas seu rigor serviu apenas para aumentar o mal. Um pequeno número de oponentes decididos subiu a bordo do navio e, sem causar nenhum outro dano, abriu 342 baús de chá e os jogou no mar.

O relato desses eventos tumultuados, logo após a abertura do Parlamento, no ano de 1774, chegou à Inglaterra, onde, imediatamente, a sede de vingança silenciou todos os outros sentimentos; o zelo em manter a honra e os direitos do governo sobrepôs-se a qualquer outro conselho, não apenas na mente dos ministros, mas também na opinião geral da nação. Nesse momento crítico, esqueceu-se que foi somente depois que as colônias, por dez anos, foram provocadas por uma série de medidas cruéis e perigosas, por ataques continuamente repetidos e por vexações sistemáticas estudados até o extremo, que sua justa indignação explodiu em atos ilegais.

A necessidade de medidas severas estava agora, de fato, evidente, mesmo para os moderados. Mas, infelizmente, o ressentimento ultrapassara os limites da equidade e provocara o orgulho, os limites da política. Os autores imediatos dos excessos em Boston poderiam ter sido punidos com justiça; a Companhia das Índias Orientais poderia, com justiça, reivindicar ser indenizada pelas colônias; os americanos, por seus atos de violência, haviam evidentemente se colocado em desvantagem; e suas falhas tinham dado a oportunidade mais favorável para trazê-los, com sabedoria, de volta aos seus limites. Mas a Inglaterra parecia ter desprezado todas as vantagens de sua situação atual e ter dado início a uma guerra, mais contra seu próprio bem-estar e segurança do que contra a oposição nas colônias. A primeira medida, proposta por lorde North, foi uma lei para fechar o porto de Boston pelo tempo que o rei achasse necessário e transferir a alfândega daquela florescente e importante cidade comercial para outro lugar. Imediatamente depois, surgiu uma segunda lei, que atingia de um modo ainda mais profundo o princípio vital das colônias, que dificilmente poderia ser justificada pelas ideias mais exageradas da autoridade do Parlamento e que inevitavelmente não poderia deixar de levar ao desespero os homens que já haviam sido quase impelidos à insurreição por um imposto de importação. Essa severa lei declarou nula a carta da província da Baía de Massachusetts e sujeitou tal província, que, por sua riqueza, sua constituição até então e os sentimentos de seus habitantes, parecia ser mais perigosa para o governo do que todas as outras, a uma nova organização, baseada em uma dependência absoluta da coroa. Ao mesmo tempo, outro ato do Parlamento ordenou que as pessoas que, durante os tumultos na América, tivessem cometido delitos contra funcionários públicos, em todos os casos em que o governador tivesse motivos para temer que não pudessem ter um julgamento imparcial lá, fossem enviadas à Inglaterra para julgamento; um estatuto que, de acordo com as ideias britânicas, merecia o epíteto de tirânico. Por fim, o ministro trouxe ao Parlamento uma lei que dava à província do Canadá, até então sob uma administração meramente temporária, uma constituição inteiramente diferente das formas dos outros governos coloniais; e, por mais que a experiência mais recente pareça justificar o governo nessa medida, ela não poderia deixar de produzir a mais desfavorável operação nas colônias, que acreditavam estar lendo seu próprio destino futuro no tratamento conferido àquele país vizinho.

    Assim que essas medidas se tornaram conhecidas na América, a indignação geral, irritada ainda mais devido ao reforço das tropas reais em Boston e a várias situações desagradáveis e opressões inerentes a esse evento, foi elevada ao nível mais alto e perigoso. Instantaneamente, em todas as colônias, ouvia-se apenas uma voz: a de que a disputa com a Inglaterra só poderia ser decidida pela espada. Os preparativos para a mais resoluta defesa passaram a ser a grande ocupação em todos os lugares; os exercícios de armas tornaram-se o único emprego dos cidadãos. Um Congresso de 51 deputados de todas as províncias se reuniu no dia 4 de setembro de 1774, na Filadélfia, para discutir as queixas comuns e os meios de evitar o perigo comum. As primeiras medidas dessa assembleia consistiram em uma declaração solene de que o procedimento injusto e opressivo do Parlamento contra a cidade de Boston e a província da Baía de Massachusetts deveriam ser considerados uma causa comum a todas as colônias e em uma recomendação aos habitantes da América do Norte para que suspendessem todas as relações comerciais com a Grã-Bretanha até que as justas queixas das colônias fossem reparadas. Depois disso, o Congresso resolveu fazer um discurso à nação britânica e outro ao rei da Inglaterra, nos quais a situação angustiante da América do Norte foi delineada com ousadia e força, mas, ao mesmo tempo, com evidente moderação e em uma linguagem que ainda desaprovava a separação da pátria-mãe como um mal muito grande.

  Não era mais possível ocultar até dos olhos mais estúpidos que a disputa com as colônias assumira um caráter novo e impressionante, e se disseminara a tal ponto que ameaçava todo o Império Britânico. No entanto, nada era mais certo que o fato de que, nesse momento decisivo, um final satisfatório ainda dependia do Parlamento. Nenhuma resolução, a não ser uma revogação total de todas as leis promulgadas desde 1766, era proporcional à grandeza do perigo; mas o pensamento de que a perda imediata da América estava em jogo deveria ter reconciliado todas as mentes com esse único meio de salvação que restava. Infelizmente, a profunda exasperação, o orgulho inflexível, a falsa ambição e todas as paixões raivosas que esse sistema cruel havia introduzido e nutrido mantinham agora também sua predominância; e um erro fatal, a opinião de que a vitória sobre as colônias seria certa e fácil, entrou em uma aliança profana com todas essas paixões. O Parlamento, no início do ano de 1775, em um notável discurso ao rei, declarou que ambas as casas, convencidas de que uma rebelião formal havia eclodido na província da Baía de Massachusetts, o apoiariam fielmente em todas as medidas contra os súditos rebeldes. Imediatamente depois, várias leis de severidade implacável, pelas quais as colônias foram privadas de todo o comércio exterior e, o que era ainda mais difícil, até mesmo da pesca nas costas de Newfoundland tão essencial para sua subsistência, foram aprovadas por grandes maiorias. Alguns dos mais sábios e veneráveis estadistas, como lorde Chatham[7], lorde Camden (1714-1794), lorde Shelburne (1737-1805), na Câmara Alta, e Edmund Burke, coronel Barré (1726-1802) e outros na Câmara dos Comuns, exerceram, em vão, contra essas resoluções desesperadas todos os poderes de uma eloquência surpreendente, como talvez jamais tenha sido superada. Os vários planos de conciliação que eles propuseram foram rejeitados, sempre com desagrado, às vezes com desprezo; o único passo que foi tentado em direção

---

7. Esse grande homem, que fiel aos princípios da política antiga e animado pelo mais ilimitado zelo pela glória e bem-estar de seu país, o qual, sob sua administração havia atingido o zênite de sua grandeza, considerava a separação das colônias da Inglaterra como o maior de todos os males, disse, entre outras coisas, em um discurso impressionante, com o qual, em 20 de janeiro de 1775, apresentou a moção para a retirada das tropas de Boston: "Eu lhes anuncio agora, meus senhores, que um dia seremos *obrigados* a revogar esses regulamentos opressivos, eles *devem* ser revogados; os senhores mesmos irão revogá-los. Eu me comprometo com isso; arrisco minha reputação nisso; fico contente em passar por um idiota se elas não forem revogadas".

Além disso, é realmente notável o fato de que a desaprovação das medidas contra a América não se limitou aos *partidos da oposição da época*, mas foi igualmente demonstrada por vários dos principais ministros. O duque de Grafton, que, de 1766 a 1770, foi o primeiro lorde do tesouro e, posteriormente, de 1771 a 1775, guardião dos selos, sempre se declarou contra o sistema vigente; os mesmos sentimentos foram atribuídos ao conde de Dartmouth, secretário de Estado para a América; o próprio lorde North, que, a partir de 1770, foi considerado o primeiro ministro, teria manifestado com frequência, nas deliberações do conselho, princípios diferentes daqueles que depois apoiou no Parlamento. Mas nada pode ser mais surpreendente que o fato de que, em um dos debates mais violentos ocorridos na Câmara dos Lordes, em fevereiro de 1775, até mesmo lorde Mansfield, um homem de grande consideração e talento, mas que o Partido Whig considerava um partidário exagerado dos direitos da coroa e um dos mais decididos inimigos dos americanos, levado pelo calor da disputa, declarou formalmente que a introdução de impostos, no ano de 1767, foi a medida mais *absurda* e *perniciosa* que poderia ter sido concebida, e foi a verdadeira causa de todos os infortúnios que se seguiram.

à paz baseou-se em um projeto de lorde North, claramente incompetente para o fim proposto, o que dificilmente teria satisfeito as colônias no início da disputa, e, com certeza, não as poderia satisfazer no ano de 1775.

Em maio de 1775, o Congresso reuniu-se pela segunda vez e declarou que, "pela violação da carta da Baía de Massachusetts, o vínculo entre aquela colônia e a coroa foi dissolvido". Os projetos de lei conciliatórios de lorde North foram rejeitados; um *exército continental* e um *papel-moeda* foram criados; o coronel Washington foi nomeado comandante em chefe das tropas americanas etc. A guerra nesse período havia, de fato, estourado; foi aberta pela batalha de Lexington, em 19 de abril, e, enquanto o Congresso adotava essas resoluções, uma segunda ação, muito mais sangrenta, ocorreu em Bunker's Hill, onde a perda sofrida pelo exército inglês deu uma lição severa, embora, infelizmente, infrutífera, àqueles que haviam tratado com tanto desprezo a resistência e os talentos militares dos americanos.

Embora todas as esperanças de paz tivessem quase desaparecido, o Congresso não estava tão desencorajado a ponto de recusar-se a se aventurar, mesmo nesse período, em uma última tentativa de conciliação. Eles resolveram fazer um segundo discurso ao rei, no qual as colônias, sob as mais fortes garantias de sua submissão e de seu inabalável desejo de permanecerem unidas à Grã-Bretanha, pediam, da maneira mais urgente, que sua majestade desse seu consentimento a qualquer plano que tivesse a intenção de pacificar essa desaventurada disputa. O discurso foi apresentado em 1º de setembro de 1775 pelo sr. Penn (1729-1795), da Pensilvânia, um dos cidadãos mais respeitáveis da América do Norte, que foi informado de que "nenhuma resposta lhe seria dada". Pouco tempo depois, o ministro apresentou ao Parlamento a lei que proibia todas as relações com as colônias e declarava que seus navios eram um prêmio legal[8]; uma lei que foi justamente considerada uma declaração de guerra contra a América e, para alguns, uma abdicação formal do direito do governo sobre as colônias. Ao mesmo tempo, o rei fez alianças com vários príncipes alemães, os quais engajaram suas tropas em uma grande empreitada; e preparativos de todos os tipos anunciavam que somente a força decidiria o destino do Império Britânico. No final da sessão do Parlamento, em fevereiro de 1776, a amargura atingira seu ponto mais alto. Nem mesmo o perigo evidente de que potências estrangeiras, e a França em particular, pudessem participar dos tumultos na América e tirar proveito do constrangimento da Inglaterra, impressionou os ministros

---

8. Um prêmio legal é um navio ou carga que é considerado propriedade legal por um tribunal. O tribunal pode decidir que o navio ou a carga é um prêmio legal se for considerado propriedade do requerente. Se o tribunal decidir que o navio ou a carga não é um prêmio legal, ele pode considerar. https://www.nationalarchives.gov.uk/help-with-your-research/research-guides/high-court-admiralty-records/#:~:text=The%20business%20of%20the%20High,therefore%20'not%20lawful%20prize. (N. T.)

e o Parlamento. Quando, no início de 1776, alguns membros da oposição afirmaram que, de acordo com relatos muito autênticos, uma negociação entre o Congresso na Filadélfia e a corte francesa já havia sido iniciada, não apenas a verdade, mas até mesmo a possibilidade desse fato, embora que muito bem fundamentado, foi negada. Foi afirmado "que tal fascínio sem precedentes" não poderia ser suposto em nenhuma nação que "mantivesse, ela mesma, colônias, em nenhum governo que desejasse manter a obediência de seus próprios súditos". Um raciocínio que, por si só, se baseava em princípios muito justos, mas que perdeu todo o seu *peso* conclusivo na boca daqueles que, por um fascínio inteiramente semelhante, chegaram ao ponto de colocar em jogo, por mera obstinação estúpida, um de seus bens mais preciosos, além da metade da existência de seu império.

Desde os últimos meses do ano de 1775, a guerra grassava nas entranhas das colônias. A linguagem e as resoluções do Parlamento no inverno de 1775-1776 ensinaram aos americanos que essa seria uma guerra de vida ou morte – todos os laços de união haviam sido rompidos. Contra o retorno dos antigos dias felizes, a mão de ferro do destino inexorável havia barrado todas as portas. Em 4 de julho de 1776, o Congresso declarou a Independência dos Treze Estados Unidos.

Não faz parte do propósito do presente ensaio continuar com essa recapitulação histórica superficial, já que estou falando aqui apenas da *origem* da Revolução Americana. É suficientemente conhecido, no entanto, que o *progresso* e o *resultado* da guerra justificaram completamente as expectativas daqueles que a teriam evitado *a qualquer preço*. É igualmente bem conhecido quanto as *consequências* dessa guerra envergonharam as expectativas de todas as partes. Os apoiadores da guerra partiram do princípio de que se deve arriscar tudo a fim de manter a posse das colônias; seus oponentes, do princípio de que se deve *sacrificar* tudo deve a fim de não as perder; ambos, portanto, concordavam com a opinião de que essa perda causaria uma ferida profunda e talvez incurável ao Império Britânico. A experiência decidiu. Poucos anos após a perda das colônias, a Inglaterra tornou-se novamente tão poderosa e florescente, ou melhor, mais poderosa e florescente do que nunca. E tudo o que de natureza prejudicial, que esteve sob a influência deste evento referente aos assuntos da Europa, caiu somente sobre a *França*; sobre a França, que, segundo a opinião geral, era quem obteria as maiores vantagens da Revolução Americana.

 Se ponderarmos devidamente sobre a série de fatos que aqui foram resumidamente exibidos, e sobre alguns outros igualmente certos e verdadeiros que serão abordados na sequência, os seguintes pontos de comparação surgirão para mostrar em sua luz mais clara a diferença *essencial* entre as revoluções americana e francesa.

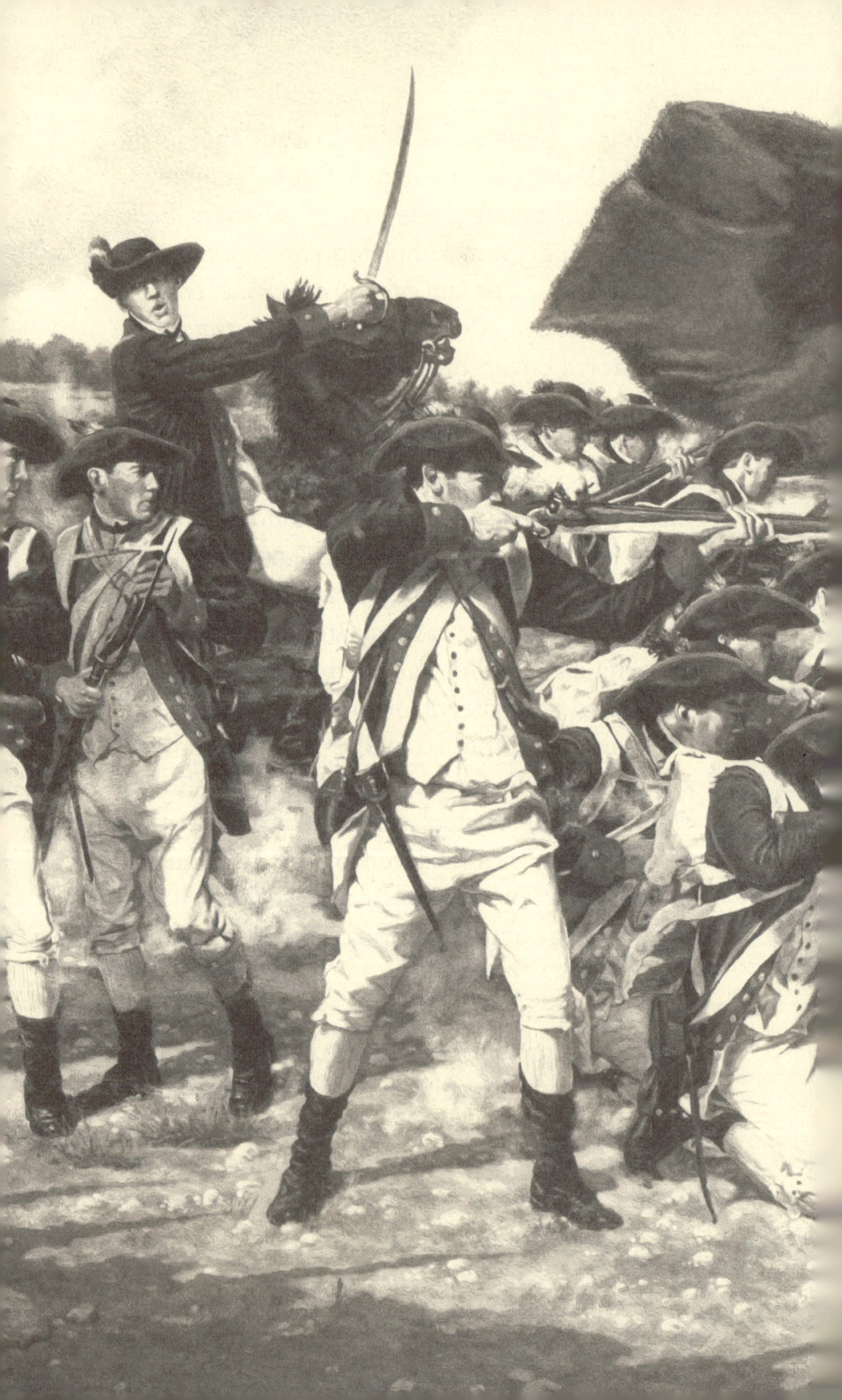

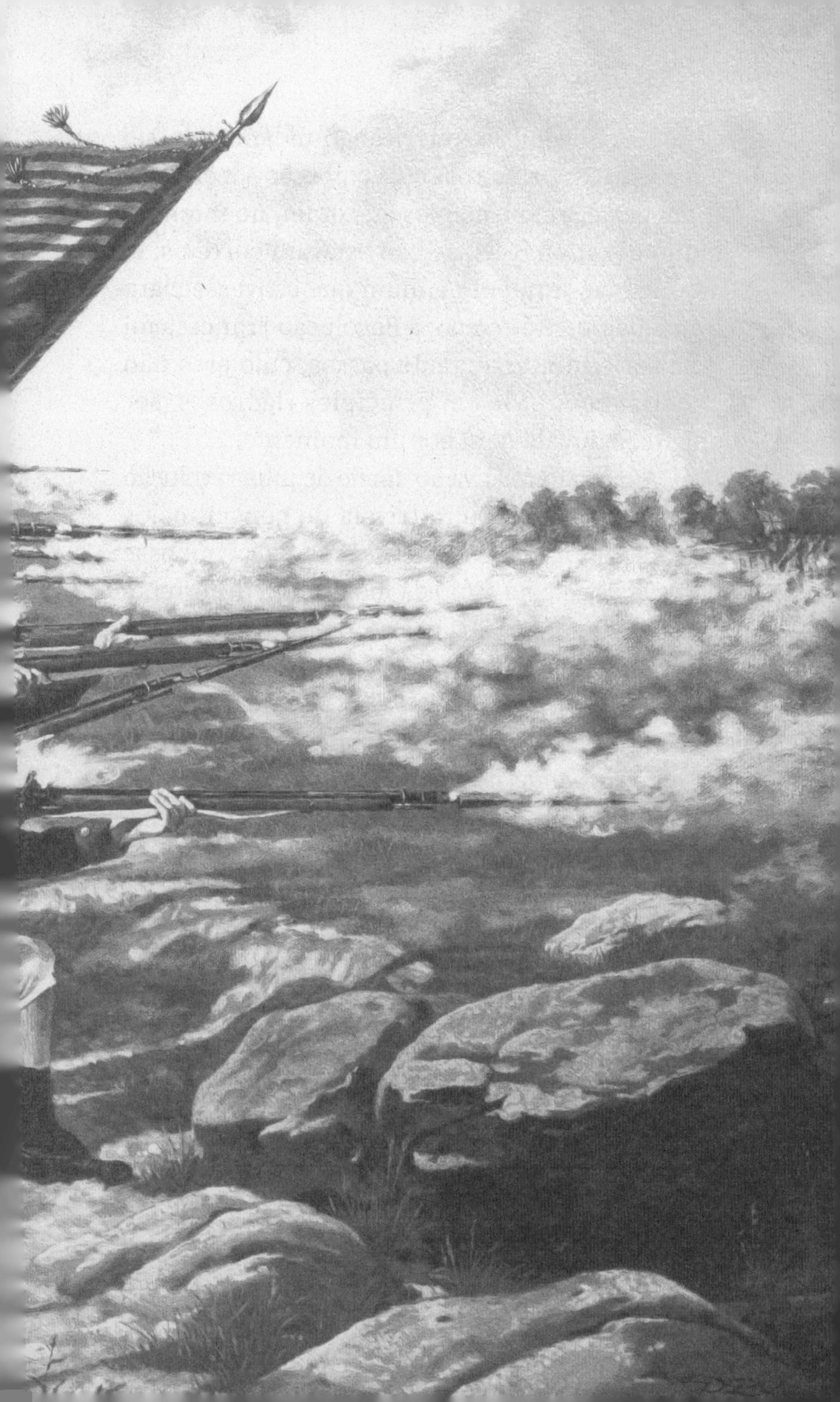

1. A Revolução Americana fundamentou-se, em parte, em princípios cuja correção *era evidente* e, em parte, em princípios que eram, no mínimo, muito questionáveis, se não estavam corretos, e, do início ao fim, em nenhum que estivesse clara e decididamente errado; a Revolução Francesa foi uma série ininterrupta de passos, cujo erro não poderia, com base em princípios rigorosos, ser objeto de dúvida nem por um momento.

A questão relativa ao *direito* de uma revolução tem sido, pela maneira frívola de pensar, pelos sofismas superficiais e até mesmo pelas imensas devastações e pela estúpida indiferença decorrente delas, nesta era revolucionária, de certo modo, descartada entre os entretenimentos ociosos de pedantes escolásticos; muitos que se consideram estadistas acham que *não vale mais a pena* começar a questão; no entanto, aos olhos dos pensadores, dos sábios e dos bons, ela sempre permanecerá a primeira e a última.

A relação entre os habitantes de uma colônia distante e o governo da pátria-mãe nunca deve ser comparada, em todos os aspectos, com a relação entre o governo e seus súditos imediatos. Na primeira, há sempre algo tenso, algo equivocado, algo antinatural, pois não se pode negar que o fundamento mais firme de toda soberania está nos anseios dos governados, e esses anseios são mais fracos, são mais questionáveis, afastam-se, para me expressar assim, dos olhos e do sentimento quando o governo está a mil léguas de distância do país, o

Campaigns of the American Revolution, 1775—1781.   195

qual deve obedecer às suas leis. Além disso, todos os Estados europeus que fundaram ou encorajaram a fundação de colônias em outras partes do mundo consideraram essas colônias, mais ou menos, como meros instrumentos para *enriquecer* e fortalecer o centro do seu próprio poder, e trataram o povo que as habitava meramente como o meio de uma existência mais feliz ou mais agradável para o seu próprio povo. Uma máxima que não poderia ser facilmente conciliada com os propósitos gerais da sociedade, em relação aos quais as colônias devem ter um senso tão aguçado quanto a pátria-mãe, e com a consciência de estabilidade independente, à qual elas devem, mais cedo ou mais tarde, chegar. Portanto, o direito de uma nação europeia sobre suas colônias deve ser sempre, necessariamente, um direito vacilante, inseguro, indefinido e, muitas vezes, indefinível. Se, no entanto, a forma de governo na pátria-mãe for simples, e as condições sobre as quais a colônia foi fundada forem claras e definidas, então essa inevitável má relação será menos perceptível. As dificuldades, por outro lado, devem ser muito maiores, as colisões mais frequentes e importantes, quando a pátria-mãe tem uma constituição complicada e quando as condições sob as quais as colônias estão ligadas a ela, os direitos dos quais elas desfrutam em virtude de sua constituição específica, o lugar que elas devem ocupar nessa constituição, não são definidos da maneira mais precisa em sua própria origem.

Esse foi, em ambos os aspectos, o caso das colônias inglesas na América do Norte. Até que ponto os direitos e liberdades de um novo Estado, fundado por britânicos, sob a constituição britânica, deveriam se estender, e em que relação específica os habitantes de tal Estado deveriam se situar, com as várias partes componentes dessa constituição mista? Essa era uma questão que, em sua origem, deveria ter sido considerada com a máxima atenção. E ela jamais foi considerada. As colônias se originaram em uma época em que a própria constituição britânica ainda não atingira sua perfeição e consistência últimas[9]. Todas as suas cartas constitutivas provinham da *coroa*. O Parlamento nunca teve nenhuma participação em seu estabelecimento.

As formas internas de governo dessas colônias eram tão variadas quanto as circunstâncias em que foram fundadas ou formadas. Algumas das mais importantes haviam sido concedidas como propriedade hereditária a pessoas privadas, de modo que essas pessoas e seus herdeiros podiam governá-las inteiramente como quisessem, e estavam a pouco mais do que sob uma dependência nominal da coroa. Dessa forma, Maryland foi concedida ao lorde

---

9. A maioria das colônias foi fundada antes da metade do século XVII; todas antes da revolução de 1688. A província da Geórgia, a mais ao sul das colônias e originalmente parte da Carolina do Sul, foi a única que recebeu sua Constituição *separada* desde o início deste século (em 1732); e também foi também a única colônia cujo assentamento e cultivo tiveram algum custo para o governo britânico.

Baltimore (1605-1675); Carolina do Norte e do Sul, ao lorde Clarendon (1609-1674); do mesmo modo a Pensilvânia e Delaware pertenceram à família do célebre Penn. Outras, como New Hampshire, Nova York, Nova Jersey e Virgínia, eram chamadas de províncias reais, e nelas o rei era considerado o soberano imediato. Por fim, havia uma terceira classe de colônias, que eram chamadas de privilegiadas e nas quais o poder do monarca era limitado pelas cartas originais. Essa era a constituição de Massachusetts, Rhode Island e Connecticut.

As relações entre os governadores reais e as assembleias provinciais eram definidas e modificadas de modo diferente em cada colônia, mas em todos os lugares, quer a província fosse originalmente privilegiada, real ou hereditária, as assembleias provinciais estavam acostumadas a, mais ou menos, exercer o direito de promulgar leis para a polícia interna da província, de cobrar impostos para atender às exigências públicas do estado e de tomar parte essencial em todas as coisas pertencentes à administração do país. Em nenhuma colônia, independentemente de sua constituição, no que diz respeito à sua dependência da coroa, havia vestígios de uma autoridade constitucional e legal investida no Parlamento britânico. As cartas não continham nada; nenhuma uma lei definitiva, nem mesmo um estatuto parcial promulgado na Grã-Bretanha jamais proclamou ou sequer fez menção a tal autoridade.

No início, o Parlamento considerava essa sua exclusão absoluta da soberania sobre as colônias com grande indiferença; no século anterior, os limites de seu poder em geral eram tão pouco definidos, que nem a menor dúvida foi levantada contra a autoridade do rei para, a seu bel-prazer, dar, conceder, constituir, privilegiar, governar, por si mesmo ou permitir que fosse governado por outros, um imenso continente na América; essa terra distante e não cultivada era, além disso, desprezada demais para que eles se preocupassem com sua constituição. Mas quando, por um lado, após a revolução de 1688, a influência do Parlamento sobre todos os assuntos do governo se tornou maior, mais firme e mais abrangente, e quando, por outro, a extraordinária importância das colônias, em sua população em rápido crescimento, em sua cultura em constante aprimoramento, em seu inesperado e esplêndido estado de florescimento, ia ficando cada vez mais evidente, a ideia de que uma parte tão grande e essencial do Império Britânico não poderia ser totalmente retirada da superintendência do Parlamento, mesmo que nada, até então, tivesse sido dito sobre ela nas transações públicas, foi se insinuando em todas as mentes.

Em um único, ainda que verdadeiramente importante, aspecto, o Parlamento sempre exerceu o poder Legislativo sobre as colônias em tudo o que dizia respeito ao comércio, seja de exportação ou de importação. Embora esse fosse precisamente o centro desse poderoso monopólio, que parecia dar às colônias todo o seu valor e que, por outro lado, nunca poderia ser tão favorável ao seu progresso quanto a liberdade teria sido, ainda assim elas se submeteram de bom grado às regulamentações e restrições de todos os tipos com as quais o Parlamento, em ampla medida, as provia. Pareceu-lhes natural e justo que o poder Legislativo supremo do império regulasse e dirigisse uma questão que interessava não apenas à América, mas também à Inglaterra, em um grau muito mais elevado. O direito do Parlamento, portanto, de prescrever para as colônias leis relacionadas ao comércio e a tudo relacionado a ele nunca foi questionado.

 Mas assim que o Parlamento decidiu ultrapassar esse direito e cobrar impostos na América sem o consentimento dos representantes locais, a resistência mais veemente resistência não poderia deixar de irromper, e essa resistência não poderia deixar de aumentar, quando, no decorrer da disputa, a pretensão de vincular a América por atos do Parlamento, em todos os casos, foi apresentada e formalmente derivada do que foi chamado de supremacia legal do Parlamento. A *onipotência* do Parlamento, tão frequente e tão ruidosamente ressoada pelos antagonistas das colônias, era um princípio muito justo para a Inglaterra, mas imensamente inválido para a América. Com o Parlamento, aprovando leis comerciais às quais os colonos se submeteram por razão e por necessidade, os Estados

Unidos não tinham nada a ver. Os Estados Unidos não enviaram nenhum representante ao Parlamento nem o Parlamento jamais lhes ofereceu esse poder, o que, de fato, não teria sido realizado sem grandes dificuldades. As colônias, no entanto, possuíam todos os benefícios da constituição britânica, e até mesmo a maior parte de suas formas. Em quase todas elas, havia uma *assembleia representativa*, que substituía a Câmara Baixa, e um Senado, que respondia à Câmara dos Pares [Câmara dos Lordes]. Essas assembleias tratavam, sob a sanção do monarca, de todos os assuntos que, na Inglaterra e na Irlanda, eram abordados pelos parlamentos. Elas promulgavam leis, cobravam impostos e deliberavam sobre as exigências e a administração de suas províncias. Formavam, em conjunto com o rei e seus governadores, um governo completo, organizado de acordo com o espírito da Constituição inglesa, e não precisavam da cooperação do Parlamento britânico. As constituições das diversas províncias conheciam apenas o rei e os órgãos representativos provinciais, e não tinham mais referência ao Parlamento da Grã-Bretanha do que aos parlamentos da França. Elas haviam existido por mais de um século sem conhecer nada do Parlamento inglês, a não ser por seus regulamentos comerciais, que nem sempre lhes foram os mais favoráveis. O pretenso direito do Parlamento de prescrever leis e impostos para as colônias era uma suposição arbitrária, contra a qual elas, de acordo com todos os princípios legais, poderiam proceder exatamente como a Grã-Bretanha teria feito se qualquer uma das assembleias provinciais tivesse se comprometido, com a concordância do rei, a cobrar impostos na Inglaterra ou na Escócia, ou a derrubar a constituição municipal de Londres ou de Westminster, como o Parlamento havia derrubado a carta da Baía de Massachusetts.

A resistência das colônias e a inevitável insurreição que acabou sendo produzida pela continuidade do ataque foram, portanto, perfeitamente *corretas*, na medida em que respeitavam o Parlamento. O Parlamento, em relação às colônias, deveria ser considerado uma *potência estrangeira*. Enquanto esse poder permaneceu dentro dos limites de sua esfera de atuação silenciosamente reconhecida, as colônias se submeteram a ele. Para criar leis além desses limites, o poder Legislativo estava tão pouco autorizado quanto o de qualquer outra nação. Os americanos poderiam resistir a ele com o mesmo direito que poderiam ter resistido aos Estados Gerais da Holanda ou ao Conselho das Índias, em Madri, caso estes tivessem tentado impor-lhes seus regulamentos de fabricação ou impostos de selo.

A questão parece ser mais difícil: com que direito as colônias poderiam também resistir ao rei, que, de qualquer forma, era seu soberano legal e reconhecido? Mas, se a esse respeito a legalidade de sua conduta for duvidosa, pelo menos permaneceria um ponto importante, que sua ilegalidade não poderia ser claramente provada, e um exame mais detalhado nos levará a um resultado ainda mais favorável à justificativa dessa conduta.

Pois há uma distinção muito evidente entre uma insurreição em uma constituição *simples* e uma em uma constituição *complexa* ou *mista*. Em um governo simples, toda resistência contra o poder supremo é absolutamente ilegal e não requer nenhum exame adicional para ser condenada. Em um governo misto, podem ser imaginados casos nos quais a questão seja muito complexa e, portanto, problemática e duvidosa.

Em um governo misto, o poder supremo, ou o soberano adequado, consiste sempre em várias partes componentes ligadas entre si e reguladas pela constituição. Cada uma dessas partes tem seus direitos e prerrogativas constitucionais, e os [direitos] de qualquer parte, embora em si mesmos mais importantes, não podem ser mais sagrados do que os de qualquer outra. Quando uma dessas partes excede seus limites legais e oprime ou tenta destruir a outra, esta última, a menos que a Constituição seja um nome vazio, deve ter o direito de resistir; e, a menos que a guerra decorrente dessa resistência não seja evitada por algum expediente afortunado, se o antigo equilíbrio não puder ser novamente restaurado, a disputa deve, necessária e *legalmente*, terminar com a dissolução da Constituição. Pois entre duas partes independentes que compõem o poder supremo de um Estado não pode haver um juiz, assim como entre dois

Estados independentes. Que essa é uma situação muito infeliz para toda a nação interessada nela é autoevidente. A circunstância mais terrível que ela traz consigo é, inquestionavelmente, a que se segue: o povo em tal controvérsia nunca sabe a quem obedecer e a quem resistir; a favor de quem se declarar e contra quem agir; todos os direitos e deveres são confundidos e envolvidos em obscuridade, e torna-se um problema saber quem está dentro e quem está fora da linha de insurreição. Esse mal é inseparável das formas mistas de governo[10] e, por maior que seja, sua possibilidade nunca pode ser excluída de tais constituições. Se, por exemplo, as duas casas do Parlamento britânico tentassem promulgar leis sem a sanção do rei, ou o rei sem a concordância do Parlamento, a parte prejudicada sem dúvida alguma resistiria, e resistiria com força, e ninguém poderia negar que essa resistência, mesmo que terminasse em guerra civil e na ruína da Constituição, era perfeitamente legal.

As colônias americanas estavam exatamente nessa situação ou, pelo menos, em uma situação

---

10. Esta é, sem dúvida, a maior falha que pode ser contestada contra governos mistos. Felizmente, no entanto, deve-se reconhecer que a probabilidade de tal dissolução é mais remota na proporção em que a Constituição se aproxima da perfeição. Pois, quanto mais facilmente uma das autoridades constituídas puder resistir à outra, por seu peso apropriado, menor será a necessidade de se apelar às armas. Por outro lado, quanto mais imperfeito for o equilíbrio, maior será o perigo de uma guerra civil. Nisso reside propriamente a decidida superioridade da Constituição britânica, acima de todas as outras formas complexas de governo que já foram ou, provavelmente, serão concebidas.

extremamente semelhante. Sua Constituição antes da revolução era evidentemente uma monarquia, mais ou menos limitada pela influência de suas assembleias provinciais. Os poderes Legislativo e Executivo eram divididos entre o rei e as assembleias provinciais, como na Inglaterra é entre o rei e as duas casas do Parlamento. O rei e seu governador tinham apenas um veto sobre os atos legislativos, e as assembleias provinciais, na maioria das colônias, tinham uma participação considerável no governo. Em todas as províncias (com exceção da Pensilvânia, desde 1700), essas assembleias eram divididas em duas casas, que correspondiam, em suas funções, aos dois ramos do Parlamento britânico. A Câmara Baixa, ou a assembleia representativa, possuía em todos os lugares o direito exclusivo de prescrever impostos. Em algumas colônias, por exemplo, em Maryland, o rei, por meio da carta constitutiva, *havia renunciado expressamente* a qualquer direito de tributação. Em várias outras, ele havia, no sentido literal da palavra, apenas reservado o título vazio de soberania. Connecticut e Rhode Island eram democracias perfeitas. As assembleias coloniais dessas províncias escolhiam seus governadores sem a ratificação do rei e os destituíam à vontade; não permitiam recursos de seus tribunais de justiça; suas leis não exigiam consentimento real; além disso, o que é ainda mais notável, e uma prova de sua absoluta independência, suas cartas lhes concediam até mesmo o direito de paz e guerra.

O poder do rei era, portanto, em todas as colônias, mais ou menos limitado; em algumas, o era a tal ponto que não podia ser comparado ao seu poder legítimo na Grã-Bretanha, e as assembleias coloniais tinham o direito constitucional de resistir a ele quando violava seus poderes constitucionais. Agora, as medidas do ministério, a partir de 1764, foram ataques evidentes a esses poderes. O fato de o Parlamento ter aconselhado ou confirmado esses ataques não era, como já mostramos, nada para as colônias; elas estavam relacionadas apenas ao rei, e o rei, de acordo com suas constituições, não podia cobrar impostos, a não ser aqueles propostos pelas assembleias provinciais. A lei do selo de 1764 foi, portanto, uma violação dos seus direitos; a lei do imposto de 1767 foi uma violação dos seus direitos; a lei de 1770, que manteve o imposto sobre o chá a fim de apoiar a supremacia do Parlamento, foi uma violação grosseira e, o pior de tudo, um insulto aos seus direitos. Puni-las por sua resistência constitucional contra essas resoluções inconstitucionais foi uma injustiça revoltante; o modo de punição (o projeto de lei do porto de Boston, o projeto de lei para abolir a carta de Massachusetts etc.) não foi apenas uma violação, mas uma dissolução completa de seus direitos. Não foi nada mais que a proclamação de um fato, quando o Congresso, em 1775, declarou que, "pela abolição da carta de Massachusetts, *a conexão entre aquela província e a coroa havia sido dissolvida*". Não restou outro recurso a não ser repelir a força pela força. A convocação de seu primeiro Congresso, por si só, não foi uma medida ilegal. Esse Congresso exercia originalmente apenas os mesmos direitos, que estavam inquestionavelmente dentro dos poderes de cada assembleia provincial. Ele representou uma resistência legal e buscava os meios de preservar para a América a constituição que ela possuía até então. Foi somente depois que o ministério recusou a paz, rejeitou todas as propostas de conciliação e, por fim, exigiu submissão incondicional, ou seja, dissolveu a Constituição, que o Congresso prosseguiu com a declaração que substituiu por um novo governo aquele que havia sido destruído.

Se, em toda essa disputa, as colônias tivessem a intenção (e não se pode negar que elas a manifestaram com clareza suficiente) de separar completamente o rei do Parlamento, todos os meios de regular sua conduta foram retirados delas, de acordo com um sistema baseado em tal separação. A união mais íntima subsistia entre o ministério e o Parlamento; não era possível resistir a um sem brigar com o outro. O rei ratificava os atos hostis do Parlamento; deixava de ser o monarca constitucional das colônias e entrava em aliança com aqueles que elas consideravam usurpadores do ponto de vista legal. Se o rei da Inglaterra se aliasse a uma potência estrangeira (e, em um sentido constitucional, o Parlamento não era outra coisa [se não isso] para as colônias) contra o Parlamento da Grã-Bretanha, como seria possível que o Parlamento se armasse contra essa potência estrangeira e, ainda assim, poupasse o rei da Inglaterra? Ou melhor, o mero compromisso de tal aliança não incluiria em si uma justificativa imediata de toda medida defensiva tomada pela parte prejudicada e uma renúncia absoluta à Constituição?

Acho que já desenvolvi suficientemente o primeiro ponto da comparação que propus, aquele que se refere à conduta da América do Norte; agora resta apenas a fácil tarefa de expor o segundo, que se refere à conduta da França.

O único período dos distúrbios na França em que se fez menção a *direitos* em conflito foi aquele em que os parlamentos participaram, em 1787 e 1788. Se as prerrogativas desses parlamentos não eram tão grandes nem tão inquestionáveis como eles as representaram, ainda assim seu apelo a elas deu, pelo menos, uma cor de legalidade a seus empreendimentos. Esse período, entretanto, deve ser considerado apenas como preparatório para a verdadeira revolução.

A partir do início dessa revolução, a questão da *legalidade* do que os líderes populares fizeram jamais (um fato extraordinário, mas incontestável!) foi levantada. A palavra *direito* teria desaparecido da língua francesa se um direito imaginário da *nação*, de fazer tudo o que ela ou seus representantes quisessem, não tivesse surgido como uma espécie de substituto para todos os outros direitos.

Este não é o lugar para analisar esse *direito da nação*, às vezes também chamado de *direito do homem*, uma espécie de feitiço mágico, com o qual todos os laços das nações e da humanidade foram insensivelmente dissolvidos. Aqueles que estavam seriamente empenhados em avançar, basearam-no no princípio quimérico da soberania do povo, o qual tentei elucidar em outra ocasião. Assim, uma coisa é certa, os líderes da revolução, sob o abrigo desse amuleto, pouparam a si mesmos e a outros o trabalho de investigar a legalidade de seus procedimentos, pois, em seu sistema, tudo estava certo, o que eles resolveram fazer em nome do *povo* ou em nome da humanidade.

Para julgar suas ações de acordo com seus merecimentos eles devem ser arrancados do tribunal que ergueram para si mesmos e colocados em outro banco dos réus, cujas leis estejam mais de acordo com os ditames da razão não corrompida e as prescrições eternas do *direito real*.

Quando os deputados dos estados se reuniram no ano de 1789, eles tinham, para além de qualquer dúvida, o *direito* de realizar grandes reformas no governo e até mesmo na Constituição da monarquia francesa. Esse direito, entretanto, só poderia ser exercido sob as seguintes três condições. Primeiro, eles deveriam observar as formas gerais de uma assembleia dos estados na França, até que essas formas fossem abolidas ou alteradas de maneira *legal*. Em segundo lugar, suas leis não deveriam ter força de lei até que fossem aprovadas pelo monarca. E, em terceiro lugar, eles deveriam seguir as instruções que lhes fossem dadas por seus constituintes.

Em menos de seis semanas, eles romperam essas três condições fundamentais. Os deputados do terceiro Estado, sem a menor autoridade e com uma vergonhosa violação dos direitos dos outros estados, declararam que somente eles constituíam a assembleia nacional.

Quando o rei tentou trazê-los de volta dessa monstruosa usurpação para seus devidos limites, eles lhe declararam que insistiriam nela, formalmente renunciaram à obediência a ele e, por fim, o reduziram à necessidade de ordenar que os outros dois estados reconhecessem a usurpação.

Para que, na trajetória desmedida que esses dois primeiros bem-sucedidos atos de violência haviam aberto, eles não encontrassem mais resistência de nenhuma parte, declararam que as ordens de seus constituintes não eram obrigatórias para eles.

Eles já haviam chegado muito longe quando, em parte por sua influência e exemplo, em parte por falhas da corte, as quais não precisam ser consideradas aqui, uma vez que a questão se refere apenas ao *direito*, a rebelião geral eclodiu em Paris e em todas as províncias. Longe de *desaprovarem* essa rebelião, que, em perfeito contraste com o levante do povo na América, não tinha a mais distante conexão com os objetivos legítimos da assembleia nacional, eles a estimularam e fomentaram, deram-lhe força legislativa e consistência, conferiram coroas cívicas a seus autores, chamaram-na de insurreição santa e virtuosa e certificaram-se de que fosse mantida em uma chama contínua durante todo o período de seu governo.

Sob a sombra dessa insurreição, eles, que haviam se colocado à frente dela e assumido toda a responsabilidade, em um período de dois anos percorreram o mais notável círculo de violação de todos os direitos, públicos e privados, que o mundo já viu. Eles redigiram, sem sequer *pedir o consentimento livre do rei*, uma Constituição assim chamada, cuja incompetência, impraticabilidade e absurdidade ridícula eram tão grandes que, mesmo entre seus autores (outro fato nada exemplar, mas indiscutível), nenhum homem jamais a teria defendido seriamente. Eles obrigaram o rei, sob pena de ser imediatamente destronado, a assinar e jurar cumprir essa Constituição.

Mal isso havia acontecido, quando seus sucessores, que em virtude apenas dessa Constituição tinham uma espécie de existência legal e detinham algo semelhante a uma autoridade para mostrar, em vez de governar e acalmar o Estado, de acordo com essa Constituição, direcionaram todas as suas medidas secretas e, o que era ainda mais revoltante, todas as suas medidas públicas para sua destruição. Em menos de um ano, eles conseguiram realizar essa nova usurpação. Sem terem sequer um *pretexto legal*, suspenderam a Constituição, depuseram o rei, assumiram para si, ainda que *em nome do povo*, o poder de convocar uma *convenção nacional* e proclamaram a república com menos formalidades do que um homem usaria para mudar de roupa. Por longo hábito, mortos para todo sentimento de *direito*, atormentados por todas as fúrias, mergulhados por suas medidas desvairadas, por crimes e calamidades de todo tipo na mais baixa profundidade da insensatez criminosa, eles agora proclamavam contra a humanidade e todos os seus direitos uma guerra formal e irreconciliável; e, para fecharem atrás de si todas as portas de retorno e romperem o último fio pelo qual ainda se mantinham unidos a uma existência legal, eles finalmente assassinaram a própria justiça na pessoa do monarca mais consciencioso e íntegro que já havia adornado um trono.

A Revolução Francesa, portanto, começou por uma violação de direitos, cada passo de seu progresso foi uma violação de direitos, e nunca foi fácil, até que conseguiu estabelecer o erro absoluto como a máxima suprema e reconhecida de um Estado completamente dissolvido e que ainda existia apenas em ruínas sangrentas.

2. A Revolução Americana foi, do início ao fim, por parte dos americanos, meramente uma *revolução defensiva*; a Francesa foi, do início ao fim, no sentido mais elevado da palavra, uma *revolução ofensiva*.

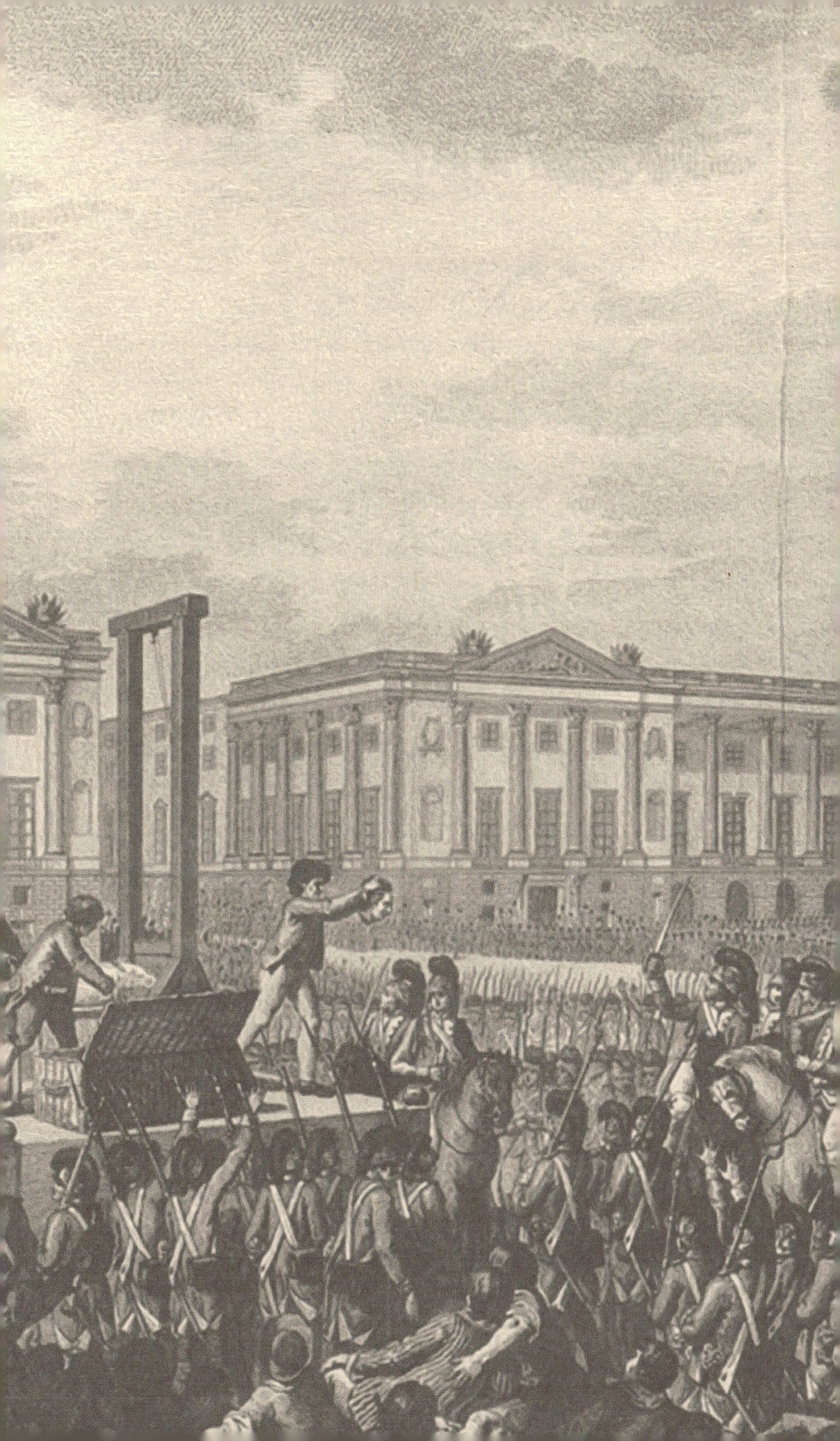

Essa diferença, por si só, é essencial e decisiva; sobre ela repousa, talvez mais do que sobre qualquer outra, o caráter peculiar que distinguiu essas duas revoluções.

O governo britânico iniciou a revolução na América por meio de resoluções para as quais não podia demonstrar nenhum direito; as colônias fizeram tudo o que estava ao seu alcance para repeli-las. As colônias desejavam manter sua antiga Constituição; o governo a destruiu. A resistência que as colônias opuseram à pátria-mãe foi, em todos os períodos dessa infeliz disputa, exatamente proporcional ao ataque; a separação total não foi resolvida até que ficou provada a total impossibilidade de preservar a antiga condição.

A lei do selo lançou a América na mais violenta comoção; cenas tumultuadas, embora não acompanhadas de atos de violência sangrenta, eclodiram em todas as províncias[11], mas em nenhum lugar elas foram formalmente sancionadas pela aprovação das autoridades legislativas. O pequeno Congresso de 28 deputados de várias colônias, que no ano de 1765 se reuniu em Nova York e serviu de modelo para a assembleia maior que se seguiu, não aprovou outra resolução senão a de que "as colônias só poderiam ser tributadas por seus representantes" e expressou

---

11. Em muitos lugares, os funcionários públicos designados para cobrar o imposto do selo acabaram enforcados ou decapitados, mas todos apenas em *efígie*.

essa resolução perfeitamente legal em *petições* ao rei. A única medida geral oferecida na época, o acordo de não importação, foi um compromisso voluntário não sancionado por nenhuma autoridade pública.

O *ato declaratório*, que surgiu no ano de 1766, juntamente com a revogação do imposto do selo, não poderia ser do agrado das colônias, uma vez que, de modo expresso e solene, mantinha o direito do Parlamento britânico de obrigá-las, por lei, em todos e quaisquer que fossem os casos. No entanto, esse ato foi recebido com grande e notável tranquilidade; e se o governo britânico, a partir daquele momento, tivesse desistido para sempre de suas infelizes inovações e tivesse continuado a governar as colônias de acordo com os antigos princípios constitucionais, jamais teria sido emitida qualquer reclamação contra o ato declaratório. Foi muito tempo depois, e quando as colônias já haviam sido provocadas por repetidos ataques de todos os tipos até o extremo, que a assembleia provincial da Baía de Massachusetts declarou aquele estatuto uma opressão.

A resistência contra os tributos impostos de 1767 era da mesma natureza que a sofrida pelo imposto do selo. Essa nova queixa das colônias foi acompanhada do tipo mais odioso de circunstâncias: o aumento das tropas, a conduta de uma parte delas, a dureza de alguns governadores, os frequentes adiamentos e a dissolução violenta das assembleias provinciais, tudo calculado para colocar a paciência dos americanos à prova. E, no entanto, eles jamais ultrapassaram os limites que a Constituição e as leis lhes prescreviam; e, em seus inúmeros discursos e protestos, aderiam rigorosamente ao que era permitido por lei. Quando, no ano de 1770, surgiu uma briga violenta entre alguns dos soldados reais e certos cidadãos de Boston, que terminou na primeira cena sangrenta que as colônias testemunharam em sua disputa com a Inglaterra, os tribunais, com gloriosa imparcialidade, absolveram a maioria dos soldados acusados e indiciados.

A manutenção do imposto sobre o chá, no ano de 1770, não teve outra consequência senão a de fortalecer o acordo voluntário contra a importação do chá inglês; a decisão tomada no ano de 1773, que autorizava a Companhia das Índias Orientais a exportar seus estoques de chá livre de impostos e a execução efetiva dessa decisão, não poderia, de fato, deixar de produzir uma ação ainda mais desfavorável. Essa medida foi totalmente calculada a fim de provocar uma insurreição geral nas colônias. No entanto, elas se mantiveram rigorosamente dentro dos limites de uma defesa necessária. A destruição do chá em Boston foi, na verdade, nada mais do que uma operação defensiva. A venda desse chá, ou de apenas uma parte dele, teria implicado a cobrança compulsória de um imposto, cujo pagamento teria feito com que a Constituição das colônias e todos os seus direitos fossem perdidos. No entanto, mesmo assim, elas não foram além do que era inevitável e mediram a resistência da forma mais exata possível pelo ataque. O chá foi jogado no mar, e não houve um único passo hostil após essa atitude. Além disso, embora as autoridades públicas de Boston e de toda a província considerassem isso tão necessário quanto qualquer cidadão, elas sempre se mostraram inegavelmente prontas para conceder a mais completa indenização à Companhia das Índias Orientais.

Se o ministério, nesse período, tivesse se contentado com uma satisfação equitativa; se eles, caso tivessem que punir, tivessem se contentado em infligir punições toleráveis e proporcionais, não há dúvida de que a América teria permanecido com sua antiga Constituição. Embora grande parte dos habitantes das colônias, na expectativa de um futuro angustiante e tempestuoso, tenha insistido por uma atitude enérgica e armada, essa disposição ainda estava longe de ser comum. É, por exemplo, um fato certo que, na importante província da Pensilvânia, a maioria dos cidadãos teria votado contra a participação nas medidas de Boston, se a severidade excessiva e insensata do Parlamento não tivesse, em pouco tempo, inflamado e unido todas as mentes.

O surgimento da lei que fechou o porto de Boston, daquela que, imediatamente depois, retirou a carta de Massachusetts, o relato de tudo o que havia se passado no Parlamento naquela ocasião, a visível impossibilidade de erradicar de forma pacífica uma amargura tão profundamente enraizada – todas essas circunstâncias concorreram para tornar provável uma explosão repentina; muitas das resoluções do Parlamento eram indiscutivelmente de natureza a fornecer motivos suficientes para tal explosão. As assembleias provinciais, entretanto, contentaram-se em enviar deputados para um Congresso geral. Nem um passo irrefletido perturbou o caráter pacífico e legal de sua conduta nesse período difícil e de provação.

    O Congresso, que se reuniu na Filadélfia, falou com liberdade enérgica sobre os direitos constitucionais das colônias e sobre as medidas opressivas do Parlamento, mas suas primeiras resoluções foram mais moderadas do que talvez a própria Inglaterra esperasse. Um convite para um acordo geral contra todo o comércio com a Grã-Bretanha foi o único passo ativo que eles se permitiram dar; e depois de tudo o que o Parlamento havia feito, esse passo foi de pouca importância. Quão eles estavam distantes, mesmo naquela época, de uma separação total, e quanto a conduta das colônias merecia o nome de uma defesa legal, pode ser aprendido a partir da seguinte conclusão do notável discurso que esse Congresso, imediatamente antes de se separar, enviou ao rei.

Pedimos apenas paz, liberdade e segurança. Não desejamos nenhuma diminuição das prerrogativas reais, *não exigimos novos direitos*. Pela magnanimidade e justiça de Vossa Majestade e do Parlamento, prometemos a nós mesmos a reparação de nossas queixas, firmemente convencidos de que, quando as causas de nossas queixas atuais forem removidas, nossa conduta futura não será indigna do tratamento mais brando ao qual estávamos acostumados em dias melhores. Invocamos aquele que sonda o mais íntimo do coração como testemunha de que nenhum outro motivo, a não ser o medo da destruição que nos ameaça, teve qualquer influência sobre nossas resoluções. Rogamos, portanto, a Vossa Majestade, como pai amoroso de todo o seu povo, ligados ao senhor por laços de sangue, por leis, afeto e fidelidade, que não permita, na expectativa incerta de um resultado que nunca poderá compensar a miséria pela qual ele deve ser alcançado, qualquer outra violação desses laços sagrados. Desse modo, que Vossa Majestade, em um longo e glorioso reinado, desfrute de todas as bênçãos terrenas, e que essa bênção e sua autoridade imaculada recaiam sobre seus herdeiros e os herdeiros deles, até que o tempo deixe de existir.

Os agentes americanos em Londres, Bollan (c. 1710-1776), Franklin (1706-1790) e Lee (1740-1792), fizeram uma petição para serem ouvidos na tribuna do Parlamento em apoio a esse discurso. Seu pedido foi rejeitado.

Logo depois, esse ato cruel, que privou as colônias de toda a navegação e até mesmo da pesca, ganhou força de lei; e o momento exato em que essa lei severa foi aprovada foi o escolhido para fazer a única proposta de conciliação que o Parlamento já havia oferecido. Segundo essa proposta, conhecida pelo nome de Plano Conciliatório de Lorde North, cada colônia cujos representantes se comprometessem a entregar sua contribuição proporcional às exigências do império e a cobrir, além disso, os custos de sua administração interna, *contanto que* suas propostas fossem aprovadas pelo rei e pelo Parlamento, teria garantida a isenção de todos os impostos adicionais. Sem mencionar que, notoriamente, o único objetivo desse plano era dividir as colônias; que foi oferecido a elas por uma mão armada, que a *suspicious proviso* [cláusula suspeita] tornava as consequências favoráveis de sua aceitação extremamente duvidosas, ele decidiu propriamente o verdadeiro ponto da disputa de uma maneira totalmente contraditória aos princípios dos americanos. O Parlamento renunciava a um direito que manifestamente não lhe pertencia. Mas renunciava a ele apenas para exercer, de uma vez por todas, o que desejava exercer gradualmente. A injustiça e a inconsistência dessa proposta não puderam, por um momento sequer, escapar à atenção das colônias. O segundo Congresso geral, reunido em 10 de maio de 1775, rejeitou-a com base em argumentos cuja força deve ser sentida por toda mente imparcial. "Se aceitássemos", dizem eles, em sua resposta a essa proposta,

> deveríamos declarar expressamente o desejo de comprar o favor do Parlamento, sem saber a que preço isso seria fixado. Consideramos excessivo extorquir de nós, por violência ou ameaças, uma contribuição proporcional para atender às exigências gerais do Estado, uma vez que todo o mundo sabe, e o próprio Parlamento deve reconhecer, que sempre que necessário, de forma constitucional, sempre contribuímos ricamente. É injusto exigir contribuições permanentes das colônias enquanto a Grã-Bretanha possuir o monopólio de seu comércio; esse monopólio é, em si, a mais pesada de todas as contribuições. É injusto desejar tributar-nos duplamente. Se devemos contribuir em proporção semelhante com as outras partes do império, permita-nos, como a elas também é permitido, um livre comércio com todo o mundo.

Esses argumentos irrefutáveis estavam a uma distância imensurável da linguagem da rebelião insolente.

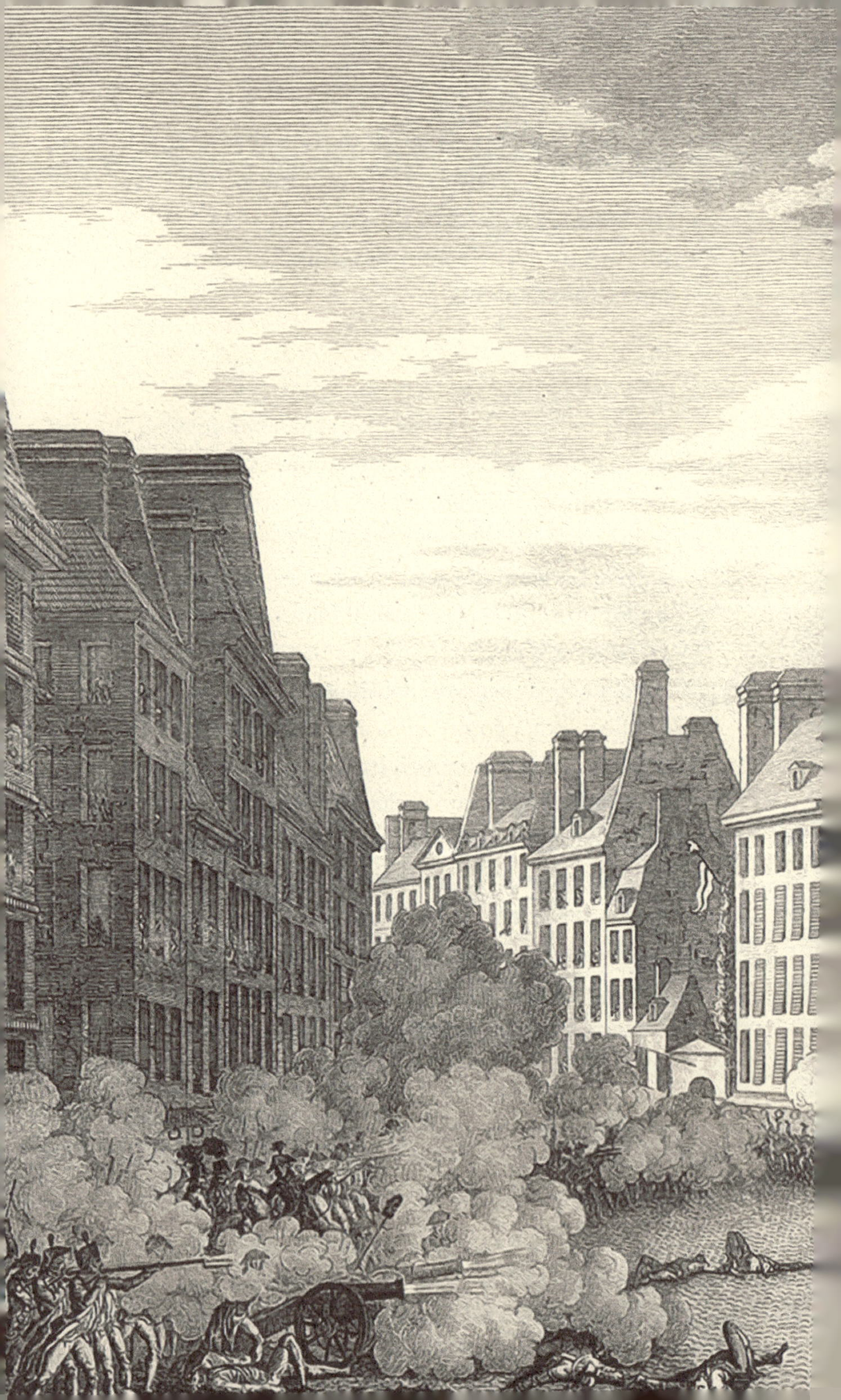

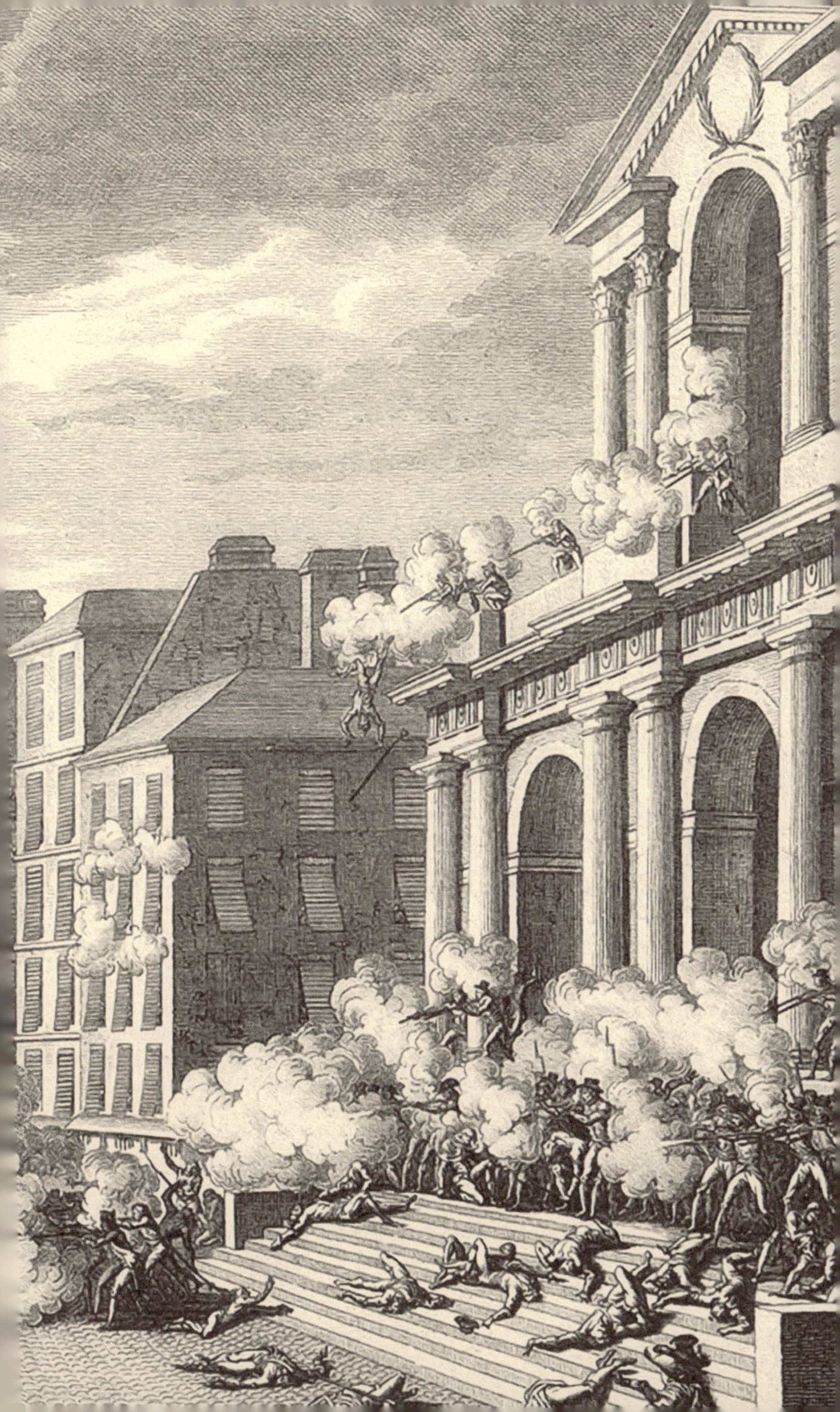

Quando, finalmente, o Congresso decidiu pelo armamento geral do país, a *defesa* ainda era seu único e exclusivo objetivo. A Constituição havia sido há muito tempo, e sem culpa deles, despedaçada; eles poderiam ter proclamado imediatamente uma nova sobre suas ruínas, mas apelaram às armas a fim de manterem a mesma Constituição, da qual as colônias haviam sido, com tanta violência, privadas.

A prova mais segura dessa gloriosa moderação foi o fato de que eles próprios, após o início real das hostilidades, e quando grande parte dos habitantes da América insistia em medidas mais enérgicas, não excluíram outra tentativa, por meio de petições e protestos, de atingir o objetivo de seus desejos. Em meio aos mais vigorosos preparativos para uma defesa desesperada, eles resolveram, no mês de julho de 1775[12], fazer outro discurso ao rei, ao qual foi dado o convidativo e significativo nome de *ramo de oliveira*. Mesmo nesse último discurso, lemos, com espanto, entre outras coisas, o seguinte:

---

12. Pouco antes, diz-se que o Congresso resolveu fazer uma declaração, em virtude da qual as colônias se ofereceram, "não apenas para o futuro, em tempo de guerra, pagar contribuições extraordinárias, mas também, desde que lhes fosse permitido um livre comércio, pagar, por cem anos, uma quantia anual suficiente naquele período a fim de extinguir toda a dívida nacional britânica", e foi dissuadido de dar sua última sanção a esta declaração, apenas pelo relato de novas medidas hostis do Parlamento. Esse fato altamente notável eu menciono, no entanto, apenas com base na autoridade de um único escritor, um antagonista muito severo do ministério, embora, de outro modo, muito bem informado. *Belsham's Memoirs of George III*. Vol. 2. p. 166.

Devotados à pessoa, à família e ao governo de Vossa Majestade, com todo o apego que só princípios e sentimentos podem inspirar, ligados à Grã-Bretanha pelos laços mais fortes que podem unir as sociedades humanas, profundamente aflitos com qualquer evento que possa enfraquecer essa ligação, asseguramos solenemente a Vossa Majestade *que não há nada que mais ardentemente desejemos do que a restauração da antiga harmonia* entre a Inglaterra e as colônias, e uma nova união, fundada em uma base duradoura, capaz de propagar essa abençoada harmonia para as gerações mais recentes e transmitir a uma posteridade agradecida o nome de Vossa Majestade, cercado daquela glória imortal que, em todas as épocas, foi concedida aos salvadores do povo. Manifestamos a Vossa Majestade que, apesar de todos os nossos sofrimentos nessa disputa infeliz, os corações de seus fiéis colonos estão longe de desejar uma reconciliação em condições que poderiam ser inconsistentes com a dignidade ou o bem-estar do Estado do qual eles se originaram e que amam com ternura filial. Se as queixas que agora nos curvam com dor inexprimível puderem de alguma forma ser removidas, Vossa Majestade sempre encontrará seus fiéis súditos na América, dispostos e prontos, com suas vidas e fortunas, a manter, preservar e defender os direitos e interesses de seu soberano e de sua pátria.

Esse foi o discurso que o sr. Penn, no dia 1º de setembro de 1775, entregou ao conde de Dartmouth (1731-1801), a respeito do qual, alguns dias depois, ele foi informado de que *nenhuma resposta poderia ser dada*. Foi somente depois que essa última tentativa se mostrou infrutífera, depois que um estatuto impiedoso tornara ilegais os navios americanos e o recrutamento de tropas estrangeiras deixaram-lhes apenas a escolha entre a dissolução de sua Constituição, com submissão incondicional, e a mesma dissolução com a livre escolha de uma nova, que o Congresso aprovou a resolução que a razão e a necessidade prescreviam e declarou as colônias independentes, porque a independência era um mal menor do que a dependência da vontade arbitrária; e sua dependência das antigas leis, penosamente mantida e penosamente defendida, foi perdida para sempre.

A Revolução da América foi, em todos os sentidos da palavra, uma revolução de necessidade: a Inglaterra, sozinha, a havia tornado realidade por meio da violência; os Estados Unidos lutaram durante dez anos, não contra a Inglaterra, mas contra a revolução; a América não buscou uma revolução, mas cedeu a ela, compelida pela necessidade, não porque desejasse obter uma condição melhor do que a de que antes desfrutava, mas porque desejava evitar uma pior, preparada para ela.

O caso da França foi exatamente o contrário de tudo isso. A Revolução Francesa foi *ofensiva* em sua origem, ofensiva em seu desenvolvimento, ofensiva em toda a sua extensão e em cada momento característico de sua existência. Assim como a Revolução Americana apresentou um modelo de moderação na defesa, a Francesa apresentou um exemplo inigualável de violência e fúria inexorável no ataque. Assim como a primeira sempre manteve o vigor de suas medidas defensivas em rigorosa proporção com a exigência; a segunda, devido à fraqueza da resistência feita contra ela, tornou-se cada vez mais violenta e terrível, quanto mais motivos tinha para se tornar mais branda.

Se os destruidores de um trono, se os professores e heróis de uma era revolucionária pudessem, eles próprios, ter formado o caráter de um príncipe sob o qual iniciariam seu terrível experimento, eles jamais poderiam ter sido mais bem-sucedidos do que com aquele que um destino cruel lhes entregou nas mãos. Luís XVI fomentou a revolução com todos os aspectos bons e fracos de seu caráter. Ele certamente não estava à altura das circunstâncias nas quais teve de agir e dos perigos que teve de superar, mas o que tornou sua falta de energia verdadeiramente fatal foram suas virtudes. Se ele tivesse sido menos digno, menos benevolente, menos humano, menos consciente, talvez ainda pudesse ter salvado a monarquia. A infeliz certeza de que lhe era impossível, nem que fosse por um momento, ser um tirano, fez com que ele e o Estado fossem vítimas da tirania mais vergonhosa e mais revoltante que o mundo já viu. Sua nobre prontidão para encorajar qualquer coisa que assumisse o nome de reforma o levou aos primeiros passos em falso que abalaram seu trono. Seu horror à violência arrancou o cetro de suas benevolentes mãos. Sua integridade foi a melhor aliada daqueles que jogaram a França e ele no precipício.

    Ele olhou com satisfação para aquela assembleia dos estados, cujos efeitos haviam sido preparados há muito tempo no conselho dos ímpios. Eles o recompensaram com os decretos que o excluíram do governo do reino. Ele não permitiu que suas tropas usassem a força contra os primeiros insurgentes. Eles o recompensaram com a insurreição geral da capital e de todas as províncias. Ele tentou, mesmo depois de ter perdido todo o seu poder e de ter experimentado as mais amargas aflições como só um monarca deposto pode conhecer, para transformar o mal em bem. Eles aprimoraram esse insuperável temperamento real, esse civismo[13] puro e real, para se tornarem culpados com menos interrupção, enquanto ele continuava a ter esperança; e para esmagá-lo com a carga de seus crimes atuais, enquanto ele esperava por um futuro melhor.

---

13. A palavra civismo foi usada pela primeira vez em 1792 para descrever as virtudes e os sentimentos de um bom cidadão. Foi originalmente usada para descrever a devoção à Revolução Francesa de 1789. Disponível em: https://www.merriam-webster.com/dictionary/civism. Acesso em: 3 fev. 2025. (N. T.)

Pode-se afirmar com ousadia que quase tudo o que foi dito sobre a resistência da corte e dos grandes, sobre suas conspirações, sobre seus complôs contra a revolução, não passou de uma miserável fábula. O fato de os feridos, os oprimidos, os saqueados não poderem ser amigos de seus opressores e saqueadores é autoevidente; na medida em que o mero ódio é resistência, havia uma enorme massa de resistência contra a revolução; os próprios líderes haviam criado essas hostilidades internas e secretas, das quais tanto se queixavam. Eles devem ter extirpado a própria natureza humana a fim de garantir a si mesmos o perdão ou uma disposição para favorecer suas cruéis operações. Mas, ao longo de toda a sua trajetória, não encontraram nenhuma resistência ativa, e a única circunstância que poderia espalhar um verniz de credibilidade sobre suas incessantes ficções de conspirações, contrarrevoluções etc. era que eles *mereciam* tudo o que alegavam sofrer.

Se acompanharmos essa revolução em todos os seus períodos, descobriremos que o motivo mais forte para realizar qualquer usurpação maior, para manter qualquer injustiça maior, para cometer qualquer crime maior, era sempre o fato de que uma usurpação, uma injustiça, um crime menor havia sido cometido imediatamente antes. O único motivo para usar perseguições era o fato de que as vítimas já haviam sofrido perseguições. Esse foi o caráter da Revolução Francesa, no atacado e no varejo. Os que sofriam eram punidos meramente por terem sofrido;

nessa mais amarga de todas as guerras ofensivas, eles pareciam tão cautelosos em evitar tudo o que mostrasse resistência, que prefeririam perdoar um inimigo em luta do que um inimigo indefeso. As relíquias da antiga Constituição não eram tanto limites para o onipotente poder desolador da revolução, mas marcos que designavam seu progresso vitorioso. A Constituição de 1791 foi apenas uma pausa curta e voluntária; uma espécie de ponto de descanso, no qual ninguém pretendia se demorar muito. A segunda Assembleia Nacional não fez nenhuma uma investida, não, nenhuma sequer que não fosse um ataque a alguma ruína da monarquia. O estabelecimento da república não satisfez seus autores. A execução do rei dificilmente aplacou a voracidade de seus carniceiros por um único instante. No ano de 1793, a sede de destruição tinha ido tão longe que não se conseguia encontrar um objetivo. O conhecido ditado de que Robespierre pretendia reduzir a população da França pela metade teve como base o senso vivo da impossibilidade de satisfazer a até então insaciável revolução com qualquer coisa menos do que tal hecatombe.

Quando não havia mais nada no país para atacar, o frenesi ofensivo se voltou contra os Estados vizinhos e, finalmente, declarou guerra em decretos solenes contra toda a sociedade civil. Por certo, não foi por falta de vontade daqueles que conduziram essa guerra se a Europa preservou alguma coisa além de "pão e ferro". Felizmente, nenhuma força foi grande o suficiente para sustentar tal vontade. A exaustão inevitável dos agressores, e não o poder ou o mérito da resistência feita, salvou a sociedade e, por fim, trouxe as próprias oficinas, onde as armas para sua destruição foram forjadas, para dentro de seus laços benéficos novamente.

Como a Revolução Americana foi uma revolução defensiva, é claro que ela foi concluída no momento em que superou o ataque que a provocou. A Revolução Francesa, fiel ao caráter de uma revolução ofensiva violentíssima, não poderia deixar de prosseguir enquanto houvesse objetos para atacar e forças para o ataque.

3. A Revolução Americana, em todos os estágios de sua duração, teve um objetivo fixo e definido e se moveu dentro de limites definidos e por uma direção definida em direção a esse objetivo. A Revolução Francesa nunca teve um objetivo definido, e em mil direções diferentes que se cruzavam continuamente, percorreu o espaço ilimitado de uma vontade arbitrária fantástica e de uma anarquia insondável.

Fazia parte da própria natureza de uma revolução defensiva, como a da América, partir de objetivos definidos e buscar fins definidos. A situação peculiar e o caráter peculiar dos norte-americanos confirmaram e garantiram essa qualidade moderada e benéfica ao progresso de sua revolução.

No decorrer dela, dois períodos principais podem ser observados: *o primeiro*, desde o início das disputas em 1765 até a declaração de independência em 1776; e *o segundo*, desde tal declaração até a paz com a Inglaterra.

No primeiro período, as cidades e províncias isoladas e, posteriormente, os membros do Congresso geral, tinham como objetivo declarado e único a salvação de sua Constituição e de seus direitos e liberdades, tal como estavam, das usurpações opressivas do Parlamento britânico. E acho que demonstrei claramente, nas seções anteriores deste ensaio, que cada passo que eles deram durante esse período crítico foi calculado para a preservação, não para a conquista; para a resistência contra inovações, não pelo ardor por elas; para a defesa, não para o ataque.

No segundo período, de fato, um novo objetivo veio no lugar daquele que eles haviam perseguido até então: o Parlamento britânico obrigou o Congresso a proclamar a independência das colônias; mas mesmo essa medida decisiva não jogou a América no precipício da ilegalidade, no horrível abismo de um interregno incomensurável ou na trajetória escorregadia de teorias selvagens e quiméricas – a máquina do governo estava, e permaneceu, completamente organizada: a revolução havia tirado do rei o veto de atos legislativos, quase a única prerrogativa essencial que ele exercia imediatamente como soberano das colônias, mas todas as províncias cuidaram para que essa importante função fosse desempenhada por outra autoridade, distinta da legislatura, e a Geórgia e a Pensilvânia foram as únicas que confiaram os poderes legislativos a um Senado indivisível. Os governadores reais, que até então estavam à frente do poder Executivo, foram substituídos por outros, escolhidos pelas próprias províncias; e como os governadores estrangeiros, devido à sua grande distância da pátria-mãe, sempre tiveram poderes discricionários e independentes no mais alto grau, essa alteração não poderia ser muito sentida – as grandes e imediatas exigências da vida social, a administração local, a polícia e o curso dos processos judiciais continuaram como antes. Nada além do laço frouxo que ligava a América à Inglaterra foi rompido; nenhuma das relações internas foi desfeita; todas as leis permaneceram em vigor; a condição das pessoas e da propriedade não sofreu nenhuma outra revolução além daquela que foi necessariamente trazida com ela! "O povo", diz o muito bem informado historiador americano dr. Ramsay (1749-1815), "mal percebeu que havia ocorrido uma alteração em sua constituição política".

Como os fundadores e condutores da Revolução Americana sabiam desde o início exatamente até onde deveriam ir e onde deveriam parar; como a nova existência de seu país, as Constituições das diversas províncias e até mesmo a organização do governo federal, pelo menos em seus princípios foram definitivamente prescritas para eles; como seu objetivo não era de forma alguma criar, mas apenas preservar, não erguer um novo edifício, mas libertar o antigo de um andaime externo, pesado e restritivo; e como nunca lhes ocorreu, no sentido rigoroso da palavra, *reformar* nem mesmo seu próprio país, muito menos o mundo inteiro, eles escaparam da mais perigosa de todas as rochas que, em nossos tempos, ameaçam os fundadores de qualquer grande revolução: a paixão mortal por fazer experimentos políticos com teorias abstratas e sistemas não testados. É da maior importância, ao julgar a Revolução Americana, nunca perder de vista esse ponto, e ainda mais importante, pois certas expressões nas primeiras resoluções do Congresso, as máximas de escritores individuais, mas especialmente os frequentes apelos dos primeiros líderes da Revolução Francesa ao exemplo de seus predecessores na América, encorajaram, e espalharam no exterior a opinião de que eles, na verdade, abriram o amplo campo das especulações revolucionárias e da anarquia sistemática. – É verdade que a declaração de independência publicada pelo Congresso, em nome das colônias, é precedida por uma introdução na qual os direitos *naturais* e *inalienáveis* da humanidade são considerados o fundamento de todo governo; que após essa afirmação, tão indefinida e tão exposta às mais diversas interpretações errôneas, seguem-se certos princípios não menos indefinidos e não menos passíveis de abuso, dos quais se poderia inferir o direito ilimitado do povo de mudar sua forma de governo, o que, na nova linguagem revolucionária, é chamado de *soberania*. Também é verdade que a maioria das

Constituições dos Estados Unidos é precedida por essas vãs *declarações de direitos*, tão perigosas em sua aplicação e das quais, em um período posterior, tanta miséria foi derivada para a França e para todo o mundo civilizado. No entanto, por mais que se desejasse que os legisladores da América tivessem desdenhado essa pompa vazia de palavras, que eles tivessem se limitado exclusivamente aos motivos claros e legais de sua resistência; uma resistência a princípio constitucional e depois necessária, e dentro dos limites de seus direitos incontestáveis, já não pode escapar à observação daqueles que estudam atentamente a história de sua revolução o fato de que eles não permitiram que essas ideias especulativas exercessem nenhuma influência visível sobre suas medidas e resoluções práticas – eles erroneamente acreditaram que essas ideias eram necessárias para justificar seus primeiros passos[14]; mas, aqui, o domínio da especulação vazia foi abandonado para sempre – jamais, em todo o curso da Revolução Americana, os *direitos do homem* foram utilizados para a destruição dos *direitos de um cidadão*; jamais a soberania do povo foi usada como pretexto para minar o respeito devido às leis ou aos fundamentos da seguridade social; jamais se viu um

---

14. Acredito que, na primeira seção deste ensaio, eu tenha mostrado completamente a legalidade da Revolução Americana com base em princípios legais; no entanto, nessa análise, será constatado que a esfera dos direitos inalienáveis do homem, a soberania do povo e princípios semelhantes não foram abordados nenhuma vez.

exemplo de um indivíduo, ou de toda uma classe de indivíduos, ou mesmo de representantes deste ou daquele estado, que recorressem à declaração de direitos para escapar da obrigação positiva ou para renunciar à obediência ao soberano comum; por fim, jamais passou pela cabeça de nenhum legislador ou estadista americano combater a legalidade das constituições estrangeiras e estabelecer a Revolução Americana como uma nova época nas relações gerais da sociedade civil.

O que ocasionalmente foi dito aqui e ali por escritores isolados deve ser cuidadosamente diferenciado dos princípios e da maneira de pensar dos americanos que foram reconhecidos e reverenciados como exemplos e autoridades, mas, em especial, daqueles que participaram ativamente do novo governo. Sem dúvida, houve na América um Thomas Paine (1737-1809), e não vou negar que sua célebre obra teve influência entre certas classes de pessoas e contribuiu para promover a revolução[15]. Mas julgar o espírito e os princípios

---

15. A opinião geral e o testemunho unânime de todos os escritores conhecidos sobre assuntos americanos deixam pouco espaço para dúvidas quanto a esse fato, embora, em nome da honra dos americanos, eu o questione de bom grado. Seu *Common Sense* ["Senso Comum"] é um panfleto tão desprezível, quase sempre tão distante do bom senso humano, quanto todos os outros pelos quais, em épocas posteriores, ele se tornou famoso. Para se poder apreciar o caráter e a tendência dessa obra, que talvez nunca tenha sido julgada como merece, e para se obter a plena convicção de que foi calculada exclusivamente para causar uma impressão sobre a massa do povo e, especialmente, sobre certas seitas religiosas muito difundidas na América, basta apenas o leitor observar o espírito dos argumentos favoritos do autor, os quais são todos extraídos do *Antigo Testamento*, e o raciocínio absurdo com o qual ele ataca, não o rei da Inglaterra, mas a

da Revolução Americana por essa obra seria tão injusto quanto confundir os líderes efetivamente ativos da Revolução Inglesa de 1688 com os autores de alguma sátira popular contra a casa de Stewart, ou a oposição de lorde Chatham com a do sr. Wilkes (1725-1797). Quando a obra de Paine foi publicada, no ano de 1776, a Revolução Americana já assumira

---

monarquia em geral, que ele trata como uma invenção *ímpia*. Se *tal obra* pudesse ter produzido a Revolução Americana, teria sido melhor para os homens sensatos não se preocuparem mais com esse evento. Mas, certamente, em todos os momentos, os homens mais sábios e melhores a consideraram, apoiaram e talvez a incentivaram apenas como um instrumento para conquistar mentes mais fracas para a causa comum.

A diferença entre esse escritor e as grandes autoridades da Revolução Americana, como Dickenson, John Adams, Jay, Franklin etc., ficará ainda mais aparente se observarmos uma diferença semelhante entre os dois partidos na Inglaterra, os quais, acidentalmente concordando com o mesmo objetivo, mas diferindo infinitamente um do outro na escolha de meios e argumentos, declararam-se a favor daquela revolução. Quem comparar, por exemplo, os escritos do dr. Price (que, apesar de seus inúmeros erros, não merece, no entanto, ser colocado na mesma classe de Paine) com os discursos e escritos de Burke durante a guerra americana, às vezes dificilmente conseguirá se convencer de que ambos estavam lutando pela mesma coisa. E, de fato, era apenas nominalmente, e não substancialmente, uma e a mesma coisa que eles defendiam.

Outra prova indireta, mas não menos importante, da precisão e da necessidade da distinção aqui apontada, está na aversão inquestionável da maioria dos grandes estadistas americanos à Revolução Francesa e a tudo o que, desde 1789, tem sido chamado de princípios revolucionários. Existe uma anedota memorável, testemunhada por uma testemunha inquestionável sobre esse ponto, Brissot, um homem posteriormente famoso demais; uma anedota que prova quão cedo essa aversão surgiu. Em uma conversa que, pouco antes da eclosão da Revolução Francesa, ele teve com o sr. John Adams, atual presidente dos Estados Unidos, esse senhor assegurou-lhe que estava firmemente convencido de que a França, com a revolução que se aproximava, não atingiria o grau de liberdade política desfrutado pela Inglaterra; e o que é mais importante, ele negou, em perfeita coerência com seus princípios puros e rigorosos, que os franceses tivessem o *direito* de fazer a revolução que pretendiam. Brissot tentou em vão combatê-lo, apelando para o *pacto original*, para a imprescritibilidade dos direitos do povo e para a fantasia revolucionária semelhante. P. *Nouveau Voyage dans les Etats Unis de l'Amérique*, por Brissot. Vol. I. p. 147.

há muito tempo toda a sua forma e consistência, e os princípios que irão caracterizá-la para sempre permaneciam firmes. Em nenhuma decisão pública, em nenhum debate público, em nenhum documento estatal do Congresso encontra-se a mais distante expressão que revele uma aprovação formal ou tácita de uma política revolucionária sistemática. E que contraste entre a declamação selvagem, extravagante e rapsódica de um Paine e o tom suave, moderado e atencioso nos discursos e cartas de um Washington.

A precisão dos objetivos, a uniformidade dos meios e a moderação dos princípios que distinguiram a Revolução Americana em todos os seus períodos também deram à guerra, que foi levada a cabo para seu estabelecimento e conclusão, um caráter preciso e definido e, portanto, menos terrível. De fato, com essa guerra, toda a série de males que normalmente acompanham as guerras em geral, e especialmente as guerras civis, estava ligada. Mas como ela tinha apenas um objetivo, claramente conhecido e circunscritos a limites estritos, seus possíveis resultados, suas possíveis consequências e sua possível duração podiam ser calculados em todos os casos. A América tinha que manter ou abrir mão de sua independência; nessa única alternativa estava incluído todo o destino da disputa, e qualquer que fosse a consequência que qualquer um dos eventos pudesse ter em um futuro distante, nem a vitória do Parlamento britânico nem a vitória (que logo se tornou mais provável) do Congresso americano poderiam desestabilizar o equilíbrio da Europa ou ameaçar a sua paz. Os governos de nosso hemisfério poderiam, com toda a tranquilidade de uma perfeita neutralidade, aguardar o resultado de uma nova disputa, que, sem maiores perigos para suas relações políticas externas e internas, abriria uma perspectiva vantajosa para o comércio europeu. O Congresso poderia até mesmo formar uma aliança com uma das maiores monarquias europeias, pois como eles desejavam apenas manter direitos claros e definidos, como deviam sua existência a uma revolução que fora imposta às colônias por violência externa, como eles nunca, de forma alguma, colocaram em questão e muito menos atacaram a legalidade de outras Constituições, e como haviam declarado guerra, não contra os princípios monárquicos, mas apenas contra as medidas opressivas do ministério britânico, não havia, *em si*, nada de antinatural, nada de revoltante, nada de claramente irreconciliável com as máximas da lei das nações e as leis de autopreservação, na aliança que a França firmou com elas[16].

---

16. Eu, propositalmente, digo que não havia nada de ilegal *em si* nessa aliança, pois a França encontrou a independência das colônias já fundadas quando contratou uma aliança com elas, e poderia, além disso, não se esquivar da questão da legalidade dessa independência. Nada *em si mesmo*, antinatural ou autodestrutivo, pois os princípios dos americanos não continham diretamente nada que pudesse, de alguma forma, ser perigoso para a existência da monarquia francesa, e os interesses políticos e comerciais dessa monarquia pareciam, de certo modo, forçar sua participação na Revolução Americana.

Apesar de tudo isso, acredito, com a mais íntima convicção, que uma política mais profunda do que a do conde de Vergennes (1717-1787) e uma

A paz, que concluiu a guerra americana, garantiu a existência independente da Inglaterra para a nova república federal, pela qual ela havia lutado de forma única e exclusiva, e, imediatamente depois, essa república entrou em relações pacíficas e benéficas com todos os outros Estados, e até mesmo com a própria Inglaterra, relações essas que as necessidades comuns e as leis comuns das nações estabeleceram entre Estados civilizados. É verdade; a Revolução Americana teve nos últimos tempos uma influência decisiva sobre as grandes devastações sob as quais a Europa geme até hoje, mas seria a mais alta injustiça não reconhecer que essa influência foi apenas acidental. Na origem dessa revolução não havia nada que pudesse

---

visão mais ampla e abrangente do futuro teriam impedido a França de firmar essa aliança. Sem mencionar o falso cálculo que sobrecarregou com uma nova dívida de um bilhão de libras um Estado já muito desordenado em suas finanças, a fim de causar ao seu rival, na contingência mais favorável, um dano incerto. Todo o empreendimento foi decidido sem qualquer consideração política real por suas consequências remotas. A legalidade da Revolução Americana poderia ser claramente demonstrada a um homem capaz de julgar sua origem e de apreciar os fundamentos sobre os quais ela foi sustentada; poderia chegar o momento em que, sem levar em conta a situação particular das colônias, o princípio geral indefinido da insurreição poderia ser retirado sozinho de sua revolução e aplicado para justificar os crimes mais perigosos. Os americanos poderiam cautelosamente ficar dentro de seus limites rigorosos e não manter nem se preocupar com a aplicação de seus princípios a outros Estados; na primeira grande comoção, aqueles que o gabinete francês havia enviado para a escola republicana poderiam, com as formas consagradas na América, banir todos os governos europeus e declarar lícito e até mesmo virtuoso, *sob todas as circunstâncias*, o que havia sido permitido apenas *sob certas circunstâncias*. Essas possíveis consequências da cooperação da França não teriam escapado à percepção de um verdadeiro grande estadista, e o mundo já pagou caro o suficiente por elas terem sido negligenciadas.

justificar outra, ou mesmo revoluções em geral; nenhum Estado, a não ser um em que todas as circunstâncias extraordinárias que coincidiram no caso das colônias pudessem novamente ocorrer, poderia considerar a conduta observada por estas como legitimadora de uma conduta semelhante e adotar os princípios sobre os quais elas agiram. A precisão e a legalidade do seu objeto recusavam qualquer aplicação desses princípios a revoluções que não pudessem exibir um objeto igualmente definido, e um direito igualmente claro, para a busca desse objetivo. A sábia moderação que os líderes da Revolução Americana introduziram em todas as suas declarações e em cada passo que tomaram, sua gloriosa aversão a toda extravagância, mesmo àquelas provenientes do mais perdoável entusiasmo, a constante distância que mantiveram de tudo o que pudesse ser chamado de proselitismo e propagandismo – todas essas felizes caraterísticas de seu empreendimento devem, sob o ponto de vista legal, proteger a humanidade para sempre contra todas as más consequências dessa revolução, cujos únicos vestígios remanescentes devem estar na prosperidade crescente de um grande povo espalhado por extensas e férteis regiões e, acima de tudo, na lição salutar que deu às potências da terra contra todo ataque aos direitos e Constituições dos Estados, por ambição ou espírito de inovação. Só a mais dura injustiça poderia imputar aos americanos o mal que o exemplo mal compreendido e mal utilizado da sua revolução produziu nos últimos tempos; foi obra de um demônio hostil, que parece ter condenado o fim do século XVIII a ver os brotos da destruição brotarem dos acontecimentos mais benéficos e os frutos mais venenosos, das flores das suas mais belas esperanças.

O contraste entre as revoluções francesa e americana, quando as comparamos entre si no que diz respeito aos seus *objetivos*, não é menos marcante do que o que resultou da comparação da sua *origem* e *progresso*. Tal como a máxima precisão de objetivo, e consequentemente de princípios e meios, distinguiu a Revolução Americana durante toda a sua duração, também a extrema falta de precisão no objetivo, e consequentemente uma mutabilidade perpétua na escolha dos meios e na modificação dos princípios, foi uma das caraterísticas mais obstinadas, uma das mais essenciais e, certamente, uma das mais terríveis da Revolução Francesa. A sua história não foi nada além de uma longa série de desenvolvimentos ininterruptos desse fenômeno extraordinário; por mais singular e inigualável em todo o seu alcance, essa circunstância não surpreenderá muito o homem que refletir sobre a sua origem e a sua natureza. Pois, em um grande empreendimento, tão logo um passo é dado totalmente fora dos limites dos direitos definidos e tudo é declarado legal, algo que a necessidade imaginária ou a paixão desenfreada inspira, tão logo entra-se no campo imensurável da vontade arbitrária; e uma revolução, que não tem outro princípio senão atacar a Constituição existente, deve necessariamente proceder aos últimos extremos da imaginação e da culpa criminal. Quando, pela impotência e pelos erros do governo, e pelo sucesso que coroou a dureza de seus primeiros antagonistas, a antiga Constituição da França foi dissolvida, todos aqueles que se interessaram pela revolução (e seu número era infinitamente grande, justamente porque ninguém sabia, de modo exato, o que se queria dizer com uma revolução) concordaram que uma alteração essencial e ampla deveria ser efetuada em toda a Constituição política do Estado. Mas até que ponto essa alteração deveria se estender, até que ponto a antiga ordem das coisas deveria ser preservada e como a nova deveria ser organizada, em relação a tudo isso não havia duas pessoas dessas legiões, as quais se consideravam chamadas à atividade pública, que estivessem de acordo. Se nos limitarmos apenas às opiniões daqueles que, nesse intervalo de anarquia sem limites, escreveram ou falaram publicamente, ficaremos logo convencidos de que havia, à época, na França, não três, ou quatro, ou dez, mas milhares de grupos e partidos políticos. A impossibilidade de tomar conhecimento de tantas variações individuais, distinções, subdistinções e matizes de todo tipo compeliu os contemporâneos, e especialmente aqueles imediatamente interessados no grande espetáculo, a classificar a massa infinita

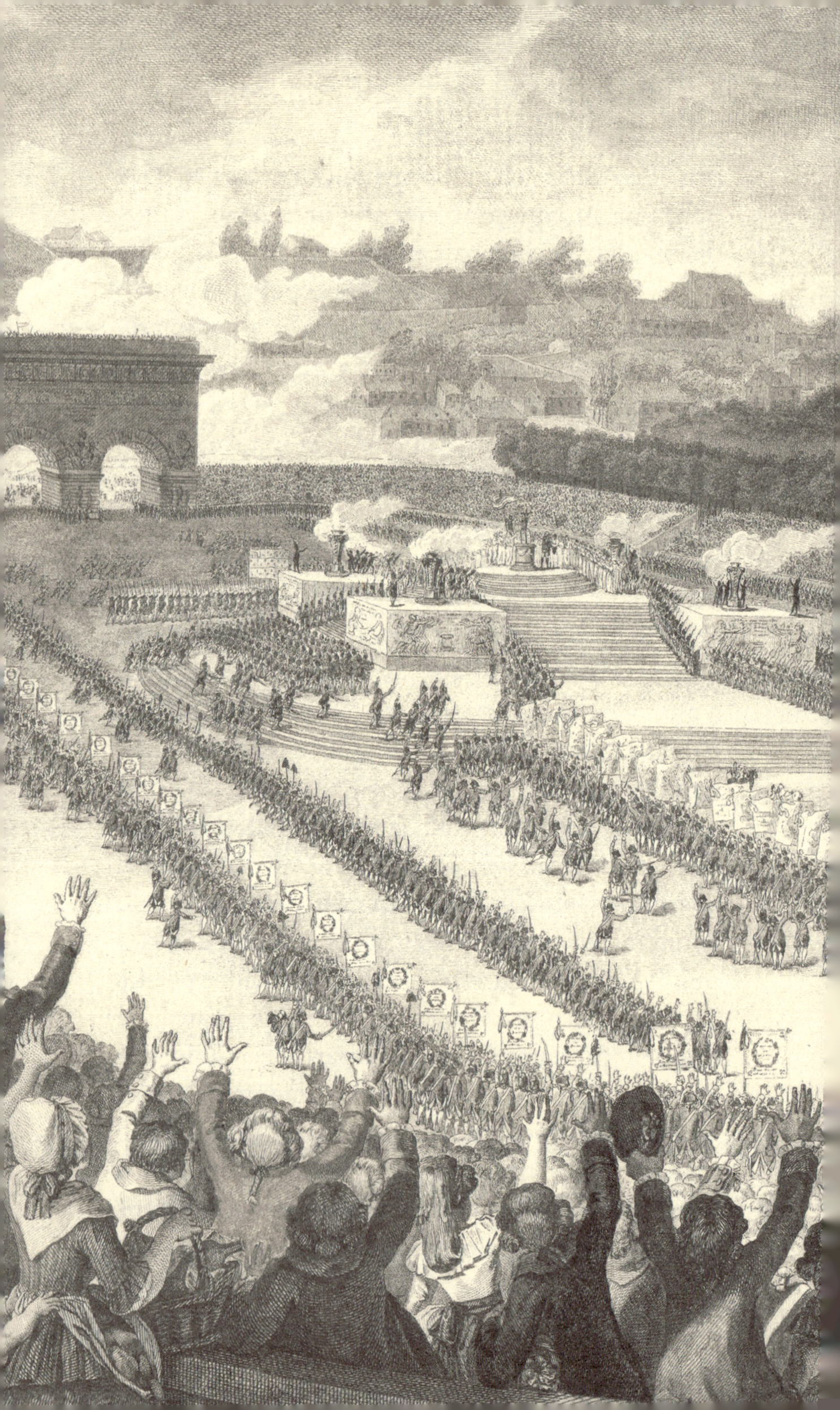

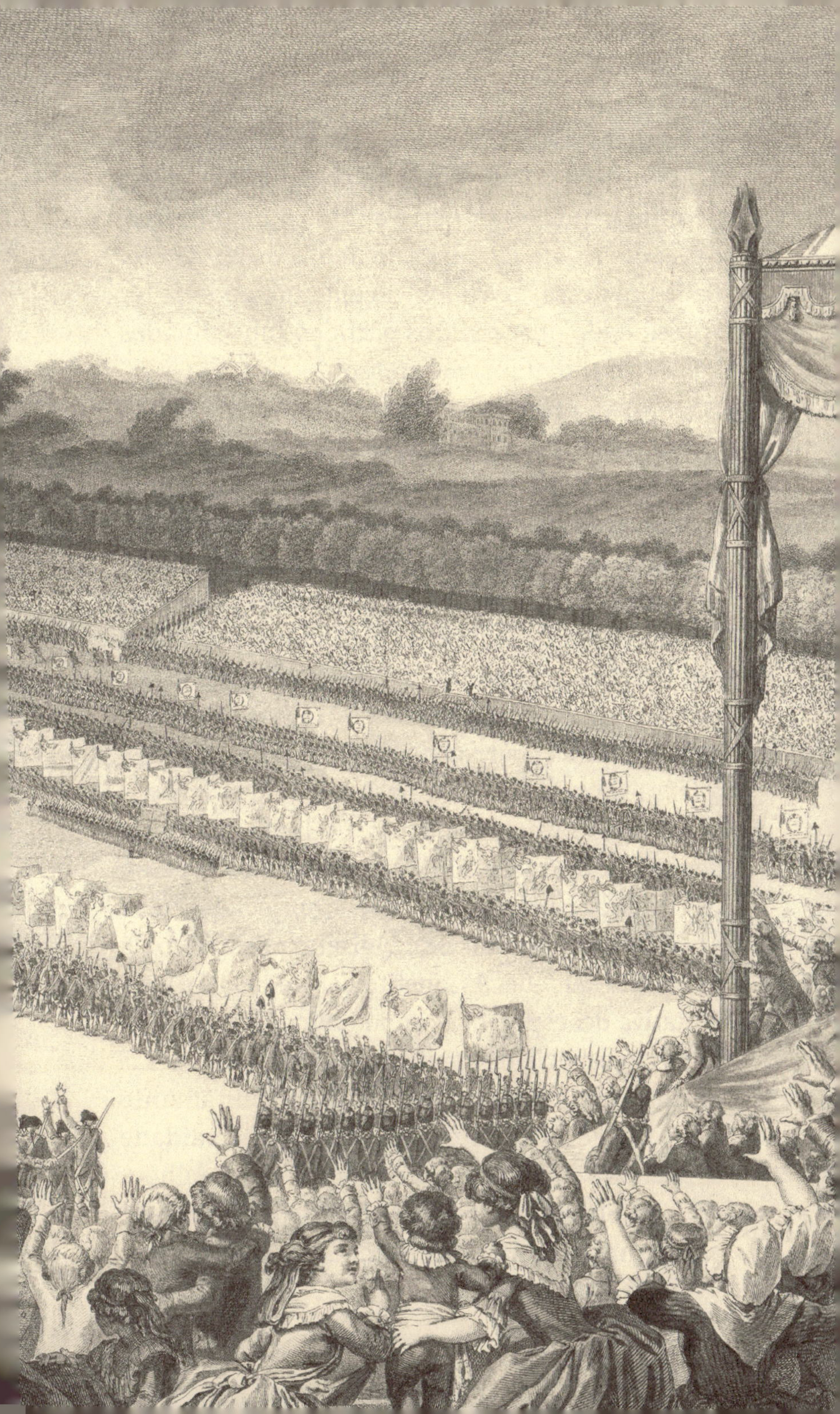

de opiniões sob certos títulos principais conhecidos e, assim, apagar os nomes de *monarquistas puros*, de monarquistas inteiros e meio *monarquistas*, de *feuillants*, de *jacobinos*, de todos os níveis etc. Cada um desses partidos, no entanto, poderia ter apresentado quase tantos partidos subordinados quanto os membros que continha. Nesse número de sistemas políticos, alguns foram construídos sobre uma monarquia limitada, no sentido britânico da palavra; outros, sobre uma modificação mil vezes maior de uma Constituição, monárquica apenas no nome; alguns, desde o início, desejaram tratar a revolução meramente como uma passagem para a abolição total da monarquia. Estes pronunciaram sentença de morte sobre todos os privilégios das ordens superiores; outros desejaram deixar-lhes as prerrogativas de posição. Um era a favor de reformar a Constituição das igrejas; outro era a favor de extirpar a religião: um teria demonstrado misericórdia nessa derrubada geral, pelo menos para os direitos de propriedade; outro era a favor de passar todo o direito positivo sob a foice da igualdade. A Constituição de 1791 foi uma tentativa desesperada e impotente de reconciliar, por uma espécie de capitulação geral, todas essas teorias conflitantes e os motivos infinitamente multiplicados de interesse, ambição e vaidade conectados a elas; essa tentativa, é claro, falhou, pois, na absoluta e total indefinição, e eu poderia acrescentar, na impossibilidade de averiguar o último objetivo da revolução, cada indivíduo na França sentiu muito bem que tinha tanto direito de manter sua opinião privada e de levar adiante seus propósitos privados quanto os membros de um comitê tinham de estabelecer os seus; era, além disso, mais do que duvidoso se, mesmo os autores imediatos dessa Constituição impraticável, a consideravam seriamente como um resultado final. Sob o abrigo da confusão inexprimível na qual a tempestade desses primeiros debates envolveu todo o país, surgiu, a princípio mais tímido, mas tornando-se constantemente mais ousado e mais poderoso a partir dos últimos meses do ano de 1791, o único partido consistente, aquele que sempre foi da opinião de que era loucura prescrever quaisquer limites à Revolução Francesa. Esse partido, como todos os outros, tinha, de fato, uma multidão de subdivisões e de sistemas peculiarmente modificados e, muitas vezes, em conflito violento entre si, mas todos os que se declararam a favor concordaram com o grande e decisivo ponto de vista, de que a revolução deveria ser considerada, não como uma transação local, mas como uma daquelas que dá uma nova forma à sociedade civil e que deve atrair toda a humanidade para seu vórtice. Para a ambição, ou para o entusiasmo desse partido insaciável, o teatro que a França ofereceu à sua sede de destruição era muito pequeno; eles desejavam arrancar o mundo de seus polos e começar uma nova era para toda a raça humana. Que esse era seu propósito desde o início, e mesmo antes do início da Revolução Francesa, não precisamos aprender com contos de proselitismo e cabalas imaginárias dos *illuminati*; os escritos nos quais eles desdobraram seus princípios em termos claros provaram isso para além de toda contradição.

 Para se aproximarem da execução de um plano tão gigantesco, eles tiveram, antes de tudo, que destruir o último vestígio de uma forma monárquica de governo na França. Seria difícil sustentar que, depois de tudo o que aconteceu desde 1789, eles não tivessem quase o mesmo direito de fundar uma república como os monarquistas, assim chamados, tinham de introduzir uma democracia real. A única coisa que parecia contra eles em termos de direito era o juramento que, em comum com todo o resto, eles fizeram: o de apoiar a Constituição de 1791. Mas depois que tantos laços foram rompidos, ninguém, a não ser cabeças fracas, poderia vangloriar-se de que uma forma vazia deteria a torrente em seu curso. No exato momento em que, com o grito de "A Constituição ou a morte!", eles [por um lado] acalmavam algumas almas crédulas, [por outro] trabalhavam com atividade inquieta a mina que, em um instante, explodiria toda a estrutura.

 Mas, precisamente neste grande e importante momento, a absoluta indefinição de objetivo, aquele caráter inextinguível da Revolução Francesa, descobriu-se sob uma nova e terrível luz. A república havia sido proclamada, mas essa república era uma palavra sem significado definido, que cada um acreditava poder explicar de acordo com suas inclinações e de acordo com os caprichos fantásticos aos quais chamava de seus princípios. Havia tantos sistemas republicanos disputando o domínio quanto havia partidos monárquicos. A França estava encharcada de sangue para decidir a grande questão, se Brissot (1754-1793) ou Marat (1743-1793), os federalistas ou os unitistas, os girondinos ou os montanheses, os dantonianos ou os hebertistas deveriam prescrever uma Constituição republicana. Somente a força poderia determinar o resultado dessa horrível disputa; e a vitória deve necessariamente ficar com os mais resolutos. Depois de ter rasgado por quase um ano as entranhas mais íntimas de seu país sem conseguir chegar a um acordo sobre a forma de sua república, um grupo ousado, por fim, caiu no estranho expediente de estabelecer e organizar o próprio Estado revolucionário, como um governo provisório, e, sob o nome de um governo revolucionário, pôs em prática o que foi chamado de sistema de terror; um monumento monstruoso e sem precedentes de erro humano e fúria humana que, aos olhos da posteridade, irá quase degradar a história de nossos tempos a uma fábula. Um grupo menos cruel derrubou e assassinou os inventores dessa gigantesca maldade; não muito tempo depois, outro concebeu um novo código de anarquia, que foi chamado de Constituição do terceiro ano. É bem conhecido que, por meio uma série ininterrupta de revoluções e contrarrevoluções, essa Constituição foi igualmente conduzida à catástrofe inevitável de sua destruição.

Justamente no período em que o Partido Republicano obteve a posse do poder supremo, a sangrenta disputa irrompeu entre eles e a maior parte dos Estados europeus. Eles haviam denunciado a destruição de todos os governos; declarado que entre sua revolução e aqueles que a rejeitaram, nenhuma outra relação poderia existir; solenemente, haviam absolvido todos os súditos da obediência a seus governos. A revolução preparou contra a Europa, e a Europa contra a revolução, uma guerra com a qual somente as mais terríveis guerras religiosas que já flagelaram o mundo podem ser comparadas. Do lado das potências unidas, o objetivo adequado dessa guerra não poderia ser duvidoso; e se, infelizmente, muitas vezes o foi, pelo menos jamais deveria ter sido assim. Mas, do lado da França, sempre foi tão indefinido quanto o objetivo da própria revolução. Alguns, como por exemplo Robespierre, desejavam, no momento, apenas manter o direito de transformar seu próprio país em uma carnificina, com impunidade, e reduzir pela metade o número de seus habitantes; outros haviam projetado planos extensivos de conquista e desejavam realizar para a república francesa todos os sonhos que a ambição de Luís XIV havia inspirado anteriormente; outros ainda haviam jurado jamais depor as armas até que tivessem plantado os princípios da revolução em triunfo sobre todo o mundo civilizado ou que, *pelo menos, tivessem plantado* a árvore da liberdade, de Lisboa ao mar congelado e aos Dardanelos.

Esta guerra, agora, com intervalos curtos e locais de paz insegura e traiçoeira, já desolou a terra por oito anos; sem dúvida, há algum tempo, perdeu muito de sua extensão e realmente muito de seu caráter original e agora quase descendeu a uma guerra comum; no entanto, quando e como terminará, ainda é um problema que coloca toda a compreensão humana em rubor. O destino da Revolução Francesa está, em grande medida, conectado ao destino dessa guerra; mas seu último resultado depende, além disso, de uma infinidade de outras combinações. Talvez jamais tenha havido um homem capaz de imaginar com alguma clareza qual seria esse resultado. Quando uma das grandes massas do mundo físico é repentinamente arrancada de seu tranquilo centro de gravitação e arremessada com um ímpeto prodigioso para o espaço vazio do ar, o ponto em que ela irá parar é muito mais difícil de conceber do que a continuidade de seu movimento. E, na verdade, depois que a pergunta séria, "Quem poderia ter o direito de começar tal revolução?", permaneceu sem resposta, nada é mais difícil do que responder àquilo que é igualmente sério: a quem pertence o direito de terminá-la?

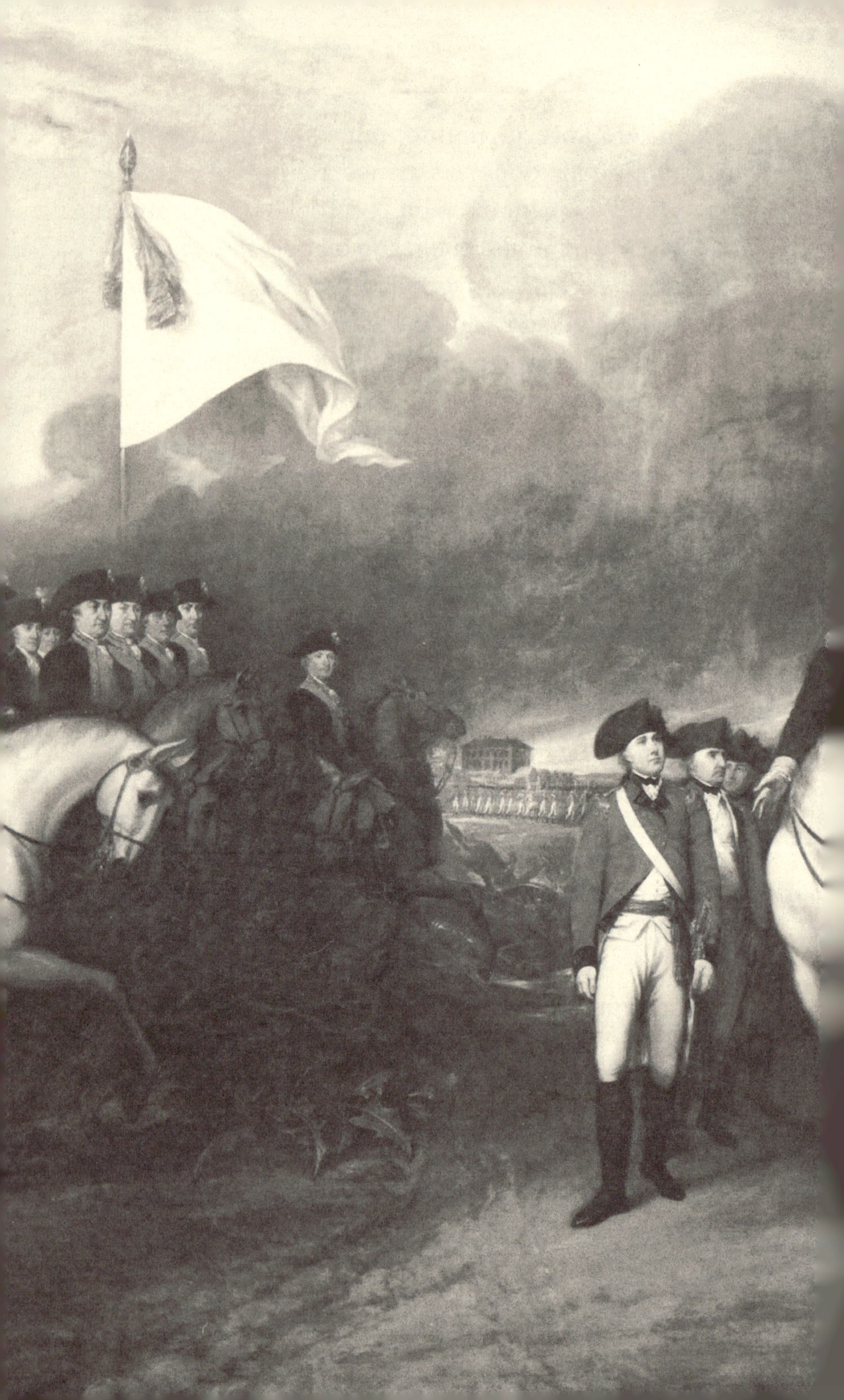

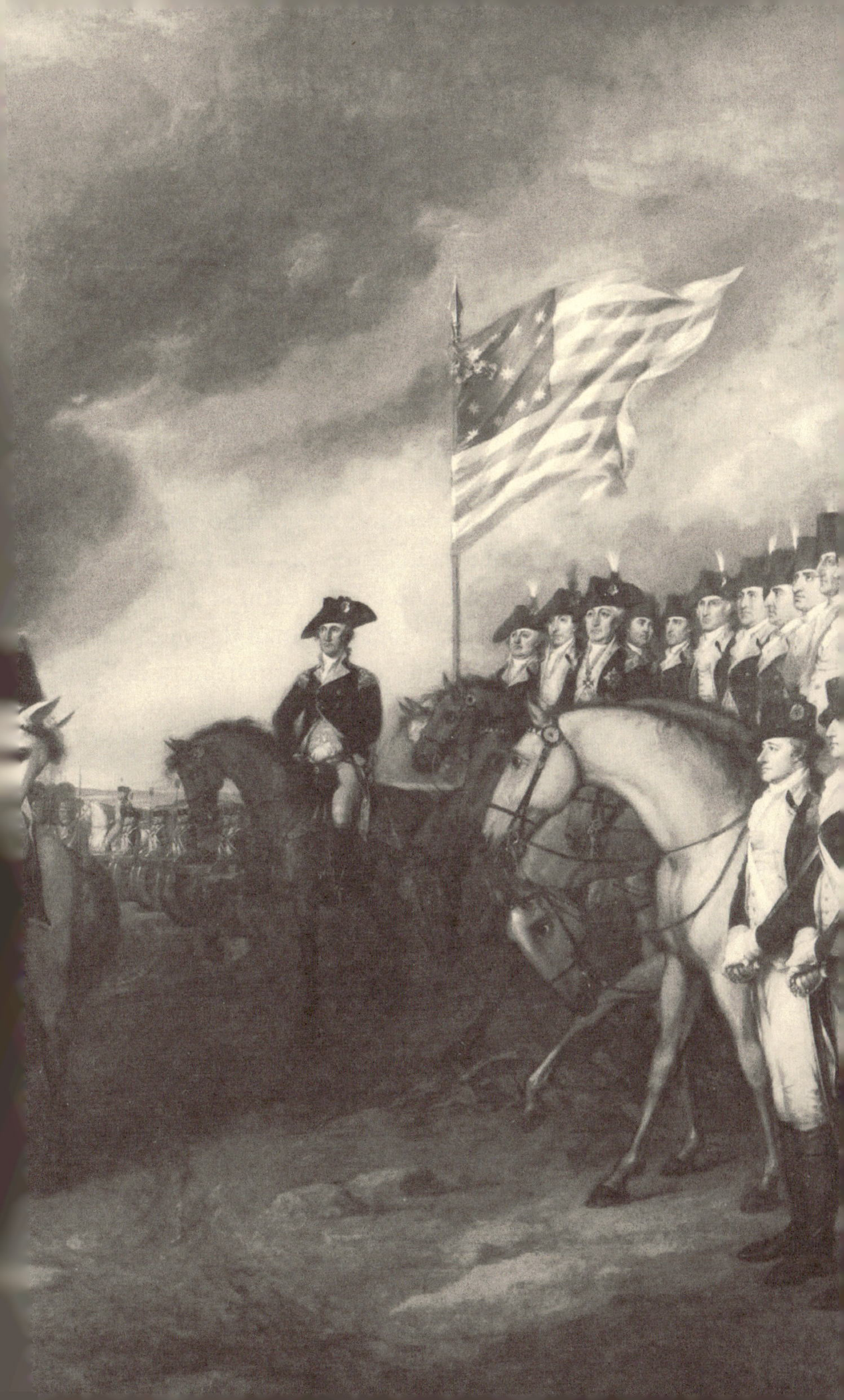

4. A Revolução Americana, comparativamente, teve uma massa de resistência muito menor para combater e, portanto, pôde se formar e se consolidar de uma maneira comparativamente muito mais fácil e mais simples: a Revolução Francesa desafiou quase todos os sentimentos humanos e todas as paixões humanas à resistência mais veemente e, portanto, só pôde forçar seu caminho por meio de violência e crimes.

As colônias americanas já haviam, antes de sua revolução, alcançado um alto grau de estabilidade, e a supremacia do governo britânico na América era a relação, não tanto de um soberano imediato, mas de um protetor superior. A Revolução Americana, portanto, tinha mais a aparência de uma guerra estrangeira do que civil.

Um sentimento comum a respeito da retidão de sua causa e um interesse comum em sua dificuldade devem necessariamente ter animado uma grande e avassaladora maioria dos habitantes da América do Norte. Os governadores reais, as pessoas mais imediatamente conectadas a eles e o número insignificante de tropas reais constituíram o único partido de oposição permanente e grande. Se um certo número de cidadãos independentes, por princípio ou por inclinação, tomasse o lado do ministério, eles seriam, no entanto, bastante fracos para se tornarem perigosos para os demais, e sua própria impotência os protegia contra o ódio e a intolerância de seus compatriotas.

Não havia no interior das colônias nenhum tipo de zelo ou prerrogativas pessoais e nenhuma outra distinção de classes além daquela que tivesse sua origem no exercício de funções públicas. A propriedade, devido ao fato de tratar-se de uma sociedade civil nova no país, era muito mais igualmente distribuída do que seria o caso em países antigos, e as relações entre as classes ricas e trabalhadoras eram mais simples e, portanto, mais benéficas. Como a revolução alterou pouco a organização interna das colônias, pois apenas dissolveu uma conexão externa, a qual os americanos devem sempre ter considerado mais como um fardo do que uma vantagem, não havia ninguém, exceto alguns poucos que participavam da administração no comando do país, que estivesse imediata e essencialmente interessado na preservação da forma antiga. O que essa forma continha de bom e útil permaneceu intocado; a revolução apenas removeu aquilo em que ela havia sido opressiva.

Quão infinitamente diferente era, desse ponto de vista, a situação da França! Se a Revolução Francesa tivesse se contentado em apenas destruir com mãos violentas a velha Constituição, sem realizar nenhum ataque aos direitos e às posses de pessoas privadas, teria, no entanto, sido contrária ao interesse de uma classe numerosa e importante de pessoas em todos os aspectos que, pela dissolução repentina da velha forma de governo, tendo perdido seus cargos, suas rendas, sua estima e toda sua existência civil, teria formado uma oposição poderosa – mas, quando em seu progresso posterior, não poupou mais nenhum direito privado, quando declarou todas as prerrogativas políticas como usurpações, privou a nobreza não apenas de seus privilégios reais, mas também de sua posição e título, despojou o clero de suas posses, de sua influência e até mesmo de sua dignidade externa; por leis arbitrárias tirou dos donos de propriedades metade de suas receitas; por violações incessantes dos direitos de propriedade, converteu a própria propriedade em um gozo incerto, ambíguo e estreitamente limitado; ao reconhecer publicamente princípios da tendência mais perigosa, manteve a espada pairando sobre a cabeça de todos que tinham algo a perder e agravou a miséria essencial que se espalhou por toda parte em razão do ridículo e do desprezo que derramou sobre tudo que tinha o nome de posses ou privilégios – então, verdadeiramente, não poderia deixar de acumular contra si uma massa de resistência que não seria subjugada por meios comuns.

Se os amigos da Revolução Francesa declarassem que essa importante circunstância fora meramente acidental; se eles imputassem unicamente à boa sorte da nação americana o fato de eles [americanos] não terem encontrado impedimentos domésticos no caminho para sua nova Constituição e à má sorte dos franceses o fato de eles [franceses] terem tido que lutar com tantos antagonistas obstinados; se eles considerassem o primeiro caso apenas como invejável e o último apenas como merecedor de compaixão, ainda assim, o observador imparcial nunca esquecerá quanto mérito estava envolvido naquele bem e quanta culpa nessa má sorte. Os americanos foram sábios o suficiente para se circunscreverem dentro dos limites que o direito, de um lado, e a natureza das coisas, do outro, os haviam atraído. Os franceses, em sua vertigem, não mais reconheciam as prescrições do direito mais claro nem as prescrições da natureza. Eram tão orgulhosos a ponto de pensar que poderiam dobrar a própria impossibilidade sob o braço de sua violência, e tão ousados a ponto de pensar que o direito mais claro deveria ceder às máximas de sua vontade arbitrária. A resistência da qual se queixavam era com perfeita certeza previsível; estava nas leis inalteráveis dos sentimentos humanos e das paixões humanas; era justa, era necessária; era impossível acreditar que não aconteceria. Aqueles que a haviam provocado com as mais cruéis injúrias não deixaram de ter certeza de declará-la passível de punição, e puniram milhares, cujo único crime consistia em se recusarem a se alegrar com sua própria ruína. Mas essa dupla injustiça deu margem a uma nova resistência, que só poderia ser superada por novos atos de violência. Assim, finalmente, no livro de leis bárbaras da revolução, o próprio sofrimento foi tornado uma ofensa imperdoável; o medo de uma reação justa levou os autores dessas opressões a medidas de crueldade ainda mais profundas contra as vítimas de seus primeiros crimes, e a presunção do ódio natural e inevitável que esses crimes devem despertar contra eles em todos os lugares era um fundamento suficiente para tratarem como um infrator merecedor da morte todo homem que não se associasse imediata e ativamente a eles.

Embora a Revolução Americana jamais tenha se envolvido nesse horrível labirinto, onde iniquidades voluntárias só podem ser cobertas por delitos necessários e onde cada crime anterior se tornou a única justificativa para uma centena de crimes posteriores, ainda assim, ela não escapou completamente do infortúnio, que parece inseparável de todas as mudanças repentinas e violentas nas relações civis e políticas da sociedade. A insignificância da resistência que encontrou e a moderação daqueles que a conduziram a preservaram de uma multidão de medidas cruéis, desesperadas e desonrosas, que mancharam outras revoluções; mas seus amigos mais calorosos não se aventurarão a sustentar que ela estava totalmente isenta de injustiça e violência. O ressentimento contra o governo inglês, muitas vezes, descendeu em um espírito de perseguição e envolveu aqueles que eram suspeitos de indiferença punível ou de conivência secreta na sentença de proscrição pronunciada contra a tirania. O ódio entre os amigos da independência e os partidários do ministério, os *whigs* e os *tories*[17], como eram distinguidos por nomes tirados de antigos partidos ingleses, irrompeu, especialmente em meio aos perigos da guerra, às vezes em cenas violentas, as quais destruíram a harmonia interna das vizinhanças e, às vezes, até mesmo das famílias. As crueldades recíprocas, que de tempos em tempos eram praticadas contra prisioneiros, lembravam o caráter peculiar que jamais havia abandonado totalmente uma guerra civil. Os direitos de propriedade também eram frequentemente violados por comunidades e Estados individuais e, em alguns poucos casos, com a cooperação da autoridade suprema. A história dos descendentes do grande e benevolente Penn, expulso do paraíso que ele havia criado e compelido, como outros legalistas, a se refugiar na generosidade e magnanimidade da Inglaterra, não é uma página honrosa nos anais da América do Norte.

---

17. Tanto na Grã-Bretanha, local de origem de sua origem, quanto nos Estados Unidos (à época, ainda apenas as colônias), os *whigs* e dos *tories* eram membros de partidos políticos rivais. Na Inglaterra, os *tories* representavam os conservadores, cuja principal característica era o apoio aos direitos da monarquia; já os *whigs*, de natureza mais liberal, apoiavam os direitos do Parlamento. Olhando-os da perspectiva americana, a saber, à época dos eventos que levaram à Revolução, os *tories* americanos estavam do lado da coroa britânica contra a campanha pela independência, enquanto os *whigs* americanos eram favoráveis a ela, posicionando-se ao lado dos Congressos que se formaram nas colônias a fim de lidar com a questão. (N. T.)

Mas o que são todos esses exemplos isolados de injustiça e opressão quando comparados com a inundação universal de miséria e ruína que a Revolução Francesa soltou sobre a França e todos os países vizinhos? Se, mesmo na América, o ódio privado ou as circunstâncias locais ameaçaram a propriedade ou a segurança pessoal, se aqui e ali até mesmo as autoridades públicas se tornaram instrumentos de injustiça, de vingança e de um espírito perseguidor, ainda assim o veneno nunca fluiu em todas as veias do corpo social; jamais, como na França, o desprezo por todos os direitos e pelos preceitos mais simples da humanidade se tornou a máxima geral da legislação e a prescrição irrestrita da tirania sistemática. Se, na América, a confusão do momento, o impulso da necessidade ou a erupção das paixões, às vezes, infligiram infortúnio à inocência, nunca, pelo menos, nunca como na França, a própria razão, a abusada e profanada razão, ascendeu solenemente ao teatro da miséria para justificar, por meio de apelos frios e criminosos a princípios e deveres, essas confusões revolucionárias; e se, na América, famílias e distritos individuais sentiram a mão pesada da revolução e da guerra, nunca, pelo menos como na França, confiscos, banimentos, prisões e mortes foram decretados em massa.

 Quando a Revolução Americana foi concluída, o país avançou rapidamente para uma nova, feliz e próspera Constituição. A despeito disso tudo, a revolução havia deixado para trás muitos estragos grandes e essenciais: os laços da ordem pública haviam sido, em uma longa e sangrenta disputa, mais ou menos relaxados por todos os lados; a indústria pacífica havia sofrido muitas interrupções violentas; as relações de propriedade, a cultura do solo, o comércio interno e externo, o crédito público e privado, todos haviam sofrido consideravelmente com as tempestades revolucionárias, com a insegurança das relações externas e, especialmente, com as devastações do papel-moeda[18]. Até mesmo a moral

---

18. Em nenhum ponto a analogia entre a conduta dos líderes revolucionários na América e na França é tão marcante quanto neste; no entanto, não se deve esquecer que os americanos falharam, em parte, por inexperiência e, em parte, por necessidade prática; enquanto, na França, eles sabiam muito bem o que estavam fazendo, e abriram e alargaram o precipício com intenção.

A história dos *assignats* americanos é quase, palavra por palavra, apenas em uma escala menor e não acompanhada de circunstâncias de crueldade, tão chocante quanto a história dos franceses. O início repentino de dois milhões para duzentos milhões de dólares; a credulidade com que os primeiros *assignats* foram recebidos, o crédito imerecido que eles desfrutaram por um tempo, sua subsequente queda rápida, de modo que no ano de 1777 eles já estavam com espécie na proporção de 1 para 3; em 1778, de 1 para 6; em 1779, de 1 para 28; no início de 1780, de 1 para 60; caiu imediatamente depois para 1 para 150, e, por fim, passaria para absolutamente nada; a tentativa de substituir uma nova emissão de *assignats*, em vez daqueles que estavam desgastados, continuou até que finalmente se tornou necessário estabelecer uma depreciação formal; as severas leis feitas para apoiar o valor do papel; a regulamentação do preço das provisões (o máximo) e as requisições que elas geraram; a devastação geral da propriedade e a perturbação de todas as relações civis; a miséria e a imoralidade que se seguiram a elas – tudo isso compõe um quadro que os líderes revolucionários franceses parecem ter tomado como modelo. É notável que eles copiaram de perto os americanos apenas em dois pontos, dos quais um era o mais ocioso e o outro, o mais questionável de todos ao longo de sua revolução: na declaração dos direitos do homem e no papel-moeda.

—•—

e o caráter do povo haviam sido essencialmente, embora não em todos os aspectos, afetados de forma vantajosa pela revolução. Independentemente de não podermos tirar nenhuma conclusão dessa circunstância com relação ao futuro, ainda assim a história deve observar com atenção e preservar com cuidado a confissão que vem da pena de uma testemunha calma e imparcial, o melhor de todos os escritores sobre a revolução americana até o momento (Ramsay): "Que por essa revolução, os talentos *políticos, militares* e *literários* do povo dos Estados Unidos foram aprimorados, mas suas qualidades *morais* foram deterioradas".

Um retrato da condição em que a revolução deixou a França é, de longe, um assunto grande demais, complicado demais e árduo demais para ser abordado aqui, mesmo que transitoriamente. A própria ideia de um resultado final de uma revolução como essa ainda deve ser, de certa forma, uma ideia indefinida e talvez arriscada. No entanto, pode-se afirmar com segurança que, entre os resultados da Revolução Americana e os da Revolução Francesa, não se pode sequer conceber qualquer tipo de comparação.

O *assignat* era uma cédula de papel emitida pela França entre 1789 e 1796, durante a Revolução Francesa (1789-1799). Inicialmente emitido na forma de títulos, o *assignat* tinha o objetivo de estimular a economia da França como um meio rápido de pagar a dívida nacional. No entanto, os *assignats* logo se transformaram em papel-moeda, cuja produção em massa levou à inflação e à desvalorização. Disponível em: https://www.worldhistory.org/Assignat. Acesso em: 6 fev. 2025. (N. T.)

Eu poderia ter continuado o paralelo acima em muitos outros aspectos e, talvez, em pontos isolados de detalhes. Acredito, no entanto, que os quatro principais pontos de vista em que o tratei, com relação à *legalidade da origem,* ao *caráter da conduta,* à *qualidade do objetivo* e ao *alcance da resistência,* respondem suficientemente ao propósito ao qual me propus, e parece evidente o suficiente, pelo menos para mim, que todo paralelo entre essas duas revoluções servirá muito mais para mostrar o *contraste* do que a *semelhança* entre elas.

FIM

Acompanhe a LVM Editora

@lvmeditora

Acesse: www.clubeludovico.com.br

@clubeludovico

Esta edição foi preparada pela LVM Editora com tipografia Source Serif Pro e Fields Display, em maio de 2025.